Tie ilmastonmuutokseen

Maria Huhta

Tie ilmastonmuutokseen

Päivän ja yön sanoja

FSC
www.fsc.org
MIX
Paperi vastuul -
lisista lähteistä
Paper from
responsible sources
FSC® C105338

Kannen suunnittelu: Books on Demand
Kustantaja: BoD – Books on Demand, Helsinki, Suomi
Valmistaja: BoD – Books on Demand, Norderstedt, Saksa
ISBN: 978-952-80-1854-4

Aluksi

Ennen vuosituhannen vaihdetta
kuljen pohjoisessa ja meren äärellä
ja jokainen aamu
kun auringon kehä koskettaa horisontin reunaa
sanat tulevat kuin suuret linnut luokseni
levittävät siipensä ja puhkeavat lauluun
silloin voin vain seurata niitä
kysymättä ja ilman epäilyjä
tälle harhailijan tielle valittuna.

Yhä useammin kuulen avaruuden kutsun
tunnen sen yön hiljaisuudessa
kuin kuiskauksena aistien tuolta puolen
ajatuksen mykkänä varjona
aikaisemmin lähteneet tulevat luokseni
kuolleet palaavat
menneisyys ja nykyisyys unohtuu
jää pois niiden hetkien aikana
tuossa oudossa maailmassa
olen hereillä enemmän kuin koskaan.

Kun herään on kaikki vielä hiljaista
vesi tyyni ja tuuli odottaa
kuu valkoinen jumalatar salaisuuksien kantaja

levittää kuulasta valoaan
pimeänkirkkaan maan ylle.

Tuona aikana
ei luonnon tuhoutuminen
vielä kosketa kaikkia
mutta nyt on toisin
kun löydetty ja tajuttu uusi sana
ilmastonmuutos joka vetoaa
ja siksi kerron tapahtumista
elämästä työstä rakkaudesta
ja luonnon lumovoimasta
kun aika virtaa kohti loputonta yötä.

Kuoltuani haluan hajota tuuleen
suuren kylmän meren yllä
vaan vielä ei ole se aika
ja täällä alhaalla vallitsee sanojen kaaos
muistojen halujen toteutumattomien toiveiden
ja eletyn kiihkon monimuotoinen
ja monimutkainen labyrintti.

Silloin ennen

Maan syli on tuoksuva ja lämmin
keväällä kun lumi sulaa lätäköiksi
ja maa vähitellen paljastuu
puoli vuotta kestäneen taakkansa alta
routa sulaa ja maan kuohkeus kynnetään esiin
tasoitetaan ja peltojen pitkät sarat
odottavat uuden siemenen kosketusta
kasvattaakseen keinuvan viljan
leikkuupuimurin kitaan
vihreänä tuoksuvan heinän seipäille kuivumaan
tai pellolle pöyhimistä odottamaan
koottaviksi tiukoiksi paaleiksi
tai suuriksi kääretortuiksi
lehmien syötäviksi seuraavan talven aikana.

Traktorin ohjaushyttiin ei kuulu lintujen laulu
niin kuin ennen hevosten kanssa
nyt soi iskelmäradion musa
ja kiurut ylhäältä taivaalta
lentäneet pois tai syöty eteläisillä mailla
heinäsirkkojen siritystä kuuluu vain joskus
mutta maa odottaa sadonkorjuun aikaa.

Maamiehen jalat nousevat koneen päälle
painavat kaasua ja jarruttavat
kädet tarttuvat rattiin ja vaihdekeppiin
valuttavat jyviä sormien lomitse

kantavat säkkejä ja siirtävät.
Saappaat kulkevat peltosaran upottavassa savessa
ojanreunan rikkaruohossa
kun mies pohtii maan laatua
apulantoja kylvöajankohtaa korjuuajankohtaa
ja leikkuupuimurin vuokrausaikoja jos ei ole omaa
traktorin kuntoa pitääkö vaihtaa
viljan hintaa maidon hintaa
teurastuspalkkiota tuotantosuuntaa.

Jos on vanha miettii sukupolvenvaihdosta
miten luopua ja päättää elämänmittaisen työn
jos on nuori odottaa että pääsee yrittämään
säätämään kaiken mielensä mukaan
toteuttamaan tahtonsa ja suunnitelmansa.

Vielä maa sitoo viljelijän ja samalla vapauttaa
toimimaan vuodenaikojen kierrossa
sillä mustassa maassa
itää loputtomiin kehityksen siemen
jos ei tule atomisotaa tai ohjuksia vahingossa
tai liian paljon happosateita
tai tautia niihin jotka kylvävät
niin elämä näillä pelloilla voi jatkua
vielä muutaman sadan vuoden ajan
sen kauemmaksi ei jaksa kuvitella
se on tulevien sukupolvien asia.

Sodan äänet ovat taustalla Itä-Karjalassa
kanervikko ratisee jalkojen alla
kevään mittaan innostus on hävinnyt
ja urhoollisuus on pelkkä sana
kun kranaattien repimänä maa vie kohti itää
sitä on suojeltava kuten isät muinoin
– velka painaa.

Ehkä juuri tämä maa
piti hänet hengissä näin kauan
sai selviämään talvisodan kylmyydestä
ja välirauhan aikana toi rakkauden
vaimon ja häät ja odotuksen.

Nyt hän havahtuu sekavasta unesta
puristaa kiväärinpintaa
vartiossa vietetty yö painaa
ajatukset harhailevat.

Äkkiä korsun ovi avautuu
sisään virtaa kirkas valo
joka hajoaa kuviksi unen ja valveen rajamailla.

Lähetti tuo postissa rypistyneen kirjekuoren
jonka hän saa auki haparoivin käsin
oven valokiila sammuu ja savu tyrmää katseen
korsun haju leviää sanojen ylle

jotka muotoutuvat tunteeksi ja hän tietää
että lapsi on syntynyt ja hän saa lomaa helvetistä.

Toivo elää seuraavaan päivään asti
ja kuolee kylmiin sanoihin
ei lomaa voida myöntää
sillä nyt on hyökättävä kaikin voimin
sitä vaatii sodan strategia eikä poikkeusta ole.

Illan hämärtyessä ovi aukeaa jälleen
ja toveri lausuu: sinulla on vartiovuoro tänään.

Kuin unessa hän ottaa kiväärin ja lähtee
mieli vaimon luona ja pienen olennon
jota tuskin voi tajuta tämän kaiken keskellä
kuin unessa hän kulkee ovelle ja vetää auki
jää hengittämään kuumaa ilmaa.

Jatkaa matkaa poissaolevana
kuin joku toinen kulkisi vartiopaikalle
tähyäisi ympäristöön näkisi tuuhean kuusen
latvuksessa tuskin huomattavan liikkeen
eikä tajua sen merkitystä.

Laukaukset napsahtavat nopeasti peräkkäin
mieli välähtää täyteen kipua
pitäen pientä tyttöä kädestä hän liukuu

kapenevaan tunneliin yhä huimempaa vauhtia
eikä pian enää tunne mitään.

Kuusen latva heilahtelee pienenevin nykäyksin
paino laskeutuu alas kunnes kaikki on hiljaa.

Sotalesken tytär muistelee äitiään.
Kun olin pieni silitit minua joskus kipeillä käsilläsi
nivelreuman koukkuun vääntämillä
et kovin kauan etkä usein
sillä hellyyttä ei ollut tapana osoittaa
sukupolvesi normit kielsivät sen
sillä nautinto on syntiä
eletään murheen laaksossa jossa perisynnin tähden
elämä on kärsimystä kehdosta hautaan.

Lapset on kasvatettava Herran kurissa ja nuhteessa
hyville tavoille ja annettava piiskaa
ettei hemmoteltaisi liian paljon.

Elämässäsi vain kovaa työtä
navetassa pelloilla tauotta kotiaskareissa
silti valokuvissa on erilainen nainen
tummakulmainen ja korkeat poskipäät
suuret silmät joissa tuskan häivähdys
sillä perheessä nähtiin nälkää
raivattiin peltoja kiviseen maahan
rakennettiin taloa samalla kun lapsia syntyi
isä viljeli maata
loi uraa kunnanhallituksessa koululautakunnassa
kun muu perhe kantoi köyhyyden taakan.

Halusit opiskella – mutta navettatyöt
ja opit nöyräksi ja palvelemaan muita
kätkemään tunteesi olemaan kiitollinen
kun sait asua ja olla olemassa.

Ennen sotaa kohtasit miehen ja rakkauden
menit kihloihin häät sotien välillä
ja hän palasi rintamalle taistelemaan
kodin uskonnon ja isänmaan puolesta
hyökkäämään saksalaisten kanssa
luomaan Suur-Suomea ja unelmia
lähtiessään lohdutti: jos pahin tapahtuu
äitini kyllä auttaa sinulla on kaikki hyvin.

Hän palasi arkussa jonka päädyssä luki
EI SAA AVATA olihan helle
ruumisjunan ympärillä vahva lemu
ja ehkä oli käynyt niin
kuin tytär myöhemmin näki unessa
tai ehkä tarkka-ampuja löysi hänet kiven takaa.

Jäit taistelemaan taloon joka ei ollut valmis
häijy anoppi naapurissa ja navettatyöt jälleen
sairastuit siitä ja lopulta pakenit
lapsen kanssa pienen tytönrääpäleen
omien vanhempiesi luokse turvaan.

Ja lääkäri sanoi voi tyttöressu
tämä on märkivää tyyppiä eikä ole parannusta ole
sisulla voi kävellä ja kainalosauvoilla
hoitoon pääsee kun sotasankarit on ensin käsitelty.
Sinulle jäi tuska ja kipeät nivelet
kärsimystä ja kärsivällisyyden oppi.

Joskus mietit miehestäsi:
oli sentään hyvä että sodan alussa
kaatui heti
silloin ei tarvinnut taistella vuosia
eikä kokea tätä kaikkea
ystävyyttä ja avunantosopimusta.

Kuolinvuoteellasi sairaalassa
kiitit kun sait juoda vichyvettä
niin paljon kuin halusit ja aivan ilmaiseksi
ei meidän sukupolvemme ymmärrä
sitä vaatimattomuutta.

Elämän ja kuoleman huoneet

Ehkä kuolema kulkee mukana koko ajan eikä sitä voi erottaa elämän kasvoista. Eikä ole olemassa pakotietä vaan on totuttava sen lakkaamattomaan läsnäoloon.

Pariisin Louvressa
kiveen vangitut hahmot katsovat tätä aikaa
sarkofagit joihin on hiottu täydellisyys
vuosisatoja sitten vangittu autiomaa
auringon hehku ja jalokiven kimallus
syvältä maan uumenista.

Veistosten lumo ottaa mielen valtaansa
patsaiden ja sarkofagien voima
siirtää ajatuksen menneeseen aikaan ja paikkaan
jossa sininen joki virtaa hiekka-aavikon läpi
muuttaa sen hedelmälliseksi viljelysmaaksi
ja koko maallinen elämä
on valmistautumista tulevaan.

Siksi näissä patsaissa
on vangittuna tekijänsä koko sielu
jokainen niistä yksi työ yksi elämä
sen valmistuttua hänet surmataan
mutta kuolema vain siirtyminen
uuteen aikaan uuteen paikkaan
koskaan päättymättömään kulkuun
taivaankannen yli
ehkä juuri siksi patsaissa on viesti
ja sanoma vuosituhansien takaa
ajaton kauneus joka siirtää katsojan
arkitajunnan toiselle puolelle.

Värähtämättä katsoo mustan kissa hahmo
tyynenä kuin hiljentyneet ihmiskuvat
sillä kiiltävään mustaan pintaan
on vangittu muodon kauneus
ja ihmismielen uskomuksen voima
mystiikan ajattomuus vuosituhansien takaa
on läsnä eläinten kuvissa ja ihmishahmoissa
ne tuovat viestin meille tähän aikaan
vaikka ovat tarkoitettu vainajille
heidän kulkiessaan kuoleman takaisessa maassa.

Ne on tarkoitettu seisomaan
pyramidien hiljaisuudessa
tähtien kiertäessä rataansa
rajattoman hiekka-aavikon yllä
on rikos sijoittaa ne tähän suljettuun tilaan
ahtaasti seinien sisäpuolelle
joita vain niiden oma avaruus laajentaa
sillä ne päästävät mielen lentoon
ja vapauteen arjen kahleista.

Tähän tilaan on tungettu kappale ikuisuutta
joka siirtää katseen pois arkisesta maasta
ajatuksen rajattomaan vapauteen.

Tukholman lähellä
linnan pienessä tornihuoneessa
odottavat Edward Munchin taulut
joissa pohjoinen hulluus ruumiillistuu tulena
hehkuen kylmien kivien takana
upottaen itseensä vuononrannan kaarevuuden
sen harmaanvihreän värin
jonka edessä huuto kumpuaa
yksinäisyyden kammiosta
tavoittaen mielen äärimmäisen reunan
värähdellen kuulaassa ilmassa
kimmoten takaisin jäisestä kalliosta
ja hajoten meriluonnon kylmyyteen
sen kuuntelija etsii sieluaan kuultavasta vedestä
vihreänsinisestä pinnasta
ja ylhäältä taivaankannen alta
sillalta joka sallii
kuolevaisten hahmojen kävellä vetten päällä
kurottua kaiteen yli kauneutensa lumoissa
ja hohtaa värejä maailmojen rajamailla
sinne ihminen tulee naisen hahmossa
hiukset hajonneina tuuleen ja aurinkoon kuin kehä
kurottuen näkynä tulevaisuuden lähteitä kohti
kun muodot muuntuvat ja väreilevät
jäsenet sulautuvat mielikuvan tahtoon
sisältä valaiseva tuli näyttää tietä eteenpäin
uuden ihmisen syntymistä kohti

ja kauas inhimillisen tien määränpäähän
jossa sairauden painajainen koskaan väistymättä
särkee kaiken ja tuo esiin veren
sen raakuuden ja jättää jäljen
vain kukka vuonon pohjukassa
jää julistamaan sanomaansa
maahan sitoutuneen voiman symbolina.

Näiden taulujen edessä aika kulkee omaa rataansa
miten harvoin huomaa ajatella
että kerran tulee hetki
jolloin on liian myöhäistä kääntyä takaisin
tulee viimeinen silta joen yli
viimeinen laukaus ilotulituksessa
viimeinen päivä tutun työpöydän ääressä
viimeinen yö omassa kodissa
ja viimeinen kuiskaus rakastetulle
sen jälkeen aukeaa loputon tyhjyys
yksinäisenä ammottavien päivien ylle.

Sairaalassa aika kuluu hitaasti
eihän kukaan enää kuole kotona
paitsi yksinäiset ja hylätyt
joista lyhyt uutinen aamulehden sisäsivulla
sillä sairaalassa saa kipulääkettä
niin tiheään kuin henkilökunta ehtii
kuolevalle antaa ja uskaltaa
kun saa luvan lääkäriltä.

Siellä kaikilla on kiire
vaikka potilaan ikuinen hiljaisuus
on vain hetken päässä.

Kuoleman odotushuoneessa jalat kylmenevät
tajunta himmenee vähitellen
pitkän tien päässä ei ole valoa vain hiljaisuus
kaikki vielä läsnä elämä ja kuolema ja vuosien virta
ulkopuolella on jo tyhjyys.

Synnytyshuoneessa kaikki on toisin
himmentäkää valot katsomossa
sytyttäkää kohdevalaisimet
sillä elämän näytelmä alkamassa
jatkuakseen miljardeissa kohteissa
vedessä ja ilmassa maalla ja kaupungissa
seinien kätkemissä huoneissa
ja avoimen taivaan alla.

Oskilloskoopin piirturi mittaa sydänäänet
aika kohdussa pysähtyy hetkeksi
kulkeakseen yhä nopeammin
eivätkä ohuet seinät pysty pidättämään ääniä
uuden elämän parkaisujen pyrkiessä esiin.

Ulkopuolella kimpoilevat edestakaisin
pienten ja isompien lasten äänet.
kevään ensimmäinen nuotio
on sytytetty lumikasan viereen
pojat nousevat pyörilleen
ajavat jalat koholla lätäköitten yli.

Vaistojen viidakko vie kaksi nuorta yhteen
tunnustelemaan toistensa ruumiita hetkenä
joka samanlaisena ei koskaan palaa.

Lapsen ääni on suloinen, vaikka sanat arkisia
hitaasti valuvat tiimalasin hiekat.

Lapseni jonka synnytin ja hoidin
olet takonut sydämeni kahleet vuosien mittaan
luonut sillat joiden purkaminen tekee kipeää
ensimmäisestä itkusta
ihon silkinpehmeästä kosketuksesta
rintamaidon lämpimästä tuoksusta pois
joka hetki uuteen kehitykseen.

Kun lasket käden kaulalleni
tiedän että on vain lyhyt hetki
siihen eroon jonka kohtalo on meille järjestänyt.

Vaieten katson kun jalkasi astuvat arkiseen päivään
kohti omaa maailmaasi mihin en voi tulla
jossa odottavat kärsimys ja ilo ja elämä
silloin itkevin sydämin
annan sinut suureksi kasvanut lapseni
armottoman elämäsi käsiin.

Kun katsot minua on edessäsi tehtävistä vaikein
rakentaa elämä maailmassa
joka on valhetta täynnä.

Lapsen mieli on sairas
kipu hirvittävä valtias
syöksee kuiluun josta ei ulospääsyä
jossa taivas ja helvetti lähellä toisiaan
nousu pilviin johtaa pudotukseen
ja on kärsittävä kaikin voimin
tartuttava lääkkeeseen kuin hukkuva
huudettava syvyydestä upottavasta tunteesta
tulen läpi veden läpi
ilman kautta vapaana virtaavan.

Lapsen tuska huutaa minussa
ja ahdistus avaa portit
kivun esiin kaikenkattavana
syyllisyys kaatuu ylleni ja pahan voimat
arkisten tapausten alla
verhottuna kasvatuksen viittaan
huolehtimisen ja pakkoon josta ei voi vapautua
sanoihin jotka uinuvat hyljättyinä ja villeinä
keräävät tuskan ja ahdistuksen
eivät pääse esiin tukahduttavat ja kukistavat
vievät olemassaolon riemun
kuka meitä armahtaa?

Jumalat joihin en usko
peittäkää lapseni silmät unia nähden!

On hetki aikaa
sytyttää odottavat soihdut
kuoleman ja rakkauden välille
hellyys syntymistä uudelleen lyhyeksi hetkeksi
tähän pimeään jossa yksinäinen huilu laulaa
kuin levottomuuteni joka virtaa esiin
kuun paistaessa valjuna pilviverhon takaa
ja yön hengen hämärtäessä maata.

Aistin täydellisen yksinäisyyden
nukkuvien hengityksestä
ja tämä hetki on vaikein suden hetki
kaiken muun ollessa hiljaa
ja kuitenkin pyydän vain vähän
herätä valoon ilman huilun ääntä
joka raastaa sisintäni.

Pakkasaamuna herään vuoteen lämpimässä
käteni ovat kylmät ja sieluni palelee
kuin yksinäinen tiainen lähellä ikkunaa
viluissaan ja orpona.

Kun maa on valkoinen ja tyyni
miten heikko olen
talven luontoa ja pakkasta vastaan
unessa ikkunoihin kerääntynyt huurre
kiteytyvä jää ja havahdun ajattelemaan

miten paljon on kulunut sumuisia päiviä
joina olen unohtanut elää nykyhetkeä
ja hiljaa kiittää siitä.

Elämäntoverini kuuntelen sinua
enkä tiedä mikä tärkeintä kuluneissa vuosissa
rakkaus ymmärtämys myötäeläminen itku nauru
kevään heleyden muisto kesän täyteläisyys
syksyn kahisevat lehdet talven viileä kylmyys
vai se että olemme kahden tässä ja nyt.

Elämän maku

Viinaa ja tietokonepelejä
viime vuosituhannella
kun lasin reuna on ohut
ja pohjalla keltainen neste
maku pehmeä ja kevyt laivaviinoja
miehille votkaa ja puolukkamehua
naisille konjakkia kun likööri on liian makeaa
juodaan hitaasti ja viivytellen
eikä humalalla ole huomispäivää.

Alkaa näyttää oudolta
selkeältä pelikorttien kuviot ja värit
seiskat ladotaan ensimmäisinä pöytään
satunnaisesti ilmestyvät kahdeksikot
joku pihtaa ruutua etsitään panttia rikolliselle
mies korjaa kortin suoraan
toinen huolettomasti nauraa
– jos veljesi täällä ei pino kelpaisi hetkeksikään
on millin verran vinossa – ja tämä
humalaisen kädenliikkeet levenevät
kortti vaihtaa paikkaa
älä viitsi enää sanoo vaimo
kaadan lisää konjakkia
kuka pihtaa patakuutosta, mutta katsotaan
eiköhän ala löytyä vaihdetaan peliä
korttia pöytään ja risti valttia
vaikkei sitä heti huomaa vierustoveri nauraa.

Olohuoneessa katkonaista piipitystä
telkkari äänessä ja tietokonepeli
pieniä ukkoja ammutaan lasersäteillä
tunti toisensa jälkeen.

Että voi olla ärsyttävä ääni tuossa pelissä
sanoo isä kun kymmenvuotiaat pojat istuvat
silmät ruutuun tähdättyinä ja joystick vääntyy
kunnes vihdoin disketti vaihtuu
tulitetaan tiiliseinää jotta löytyisi kätketty ovi
päästäisiin ampumaan
ampumaan ja signaali soi kimeänä.

Vaikeammassa pelissä lentokone ilmaan
tukialukselta tuulen voimakkuus laivan nopeus
muutkin tekijät ja lopulta
on kartoitettava saari ja vihollisen tukikohta
vaihdetaan pommikoneisiin osuttava pisteeseen
pudotettava pommi ja tukikohta räjähtää
loistavat värit ja peli on voitettu
kuvaruudun maisemassa Nykin kaavamainen kuva
Manhattanin siluetti yläpuolella
räiskähtelevät raketit
ilotulituksen loisto ja pelaajan onni on täydellinen.

Ilta kuluu sanat tyhjiä mikä on tänään
kun ei viina kulu

mutta kyllä riittää liikennettä tiellä
oletteko koskaan laskeneet
montako autoa tunnissa
vaikka näin perjantai-iltana
no lapset sanoivat muuton jälkeen
että teillä täällä maalla sentään kulttuuria
vahinko että se painelee ohi pikatietä pitkin
Tampereen ja Lahden välillä.

Muuten taitaa squash-halleja tulossa vielä lisää
luulen kyllä muoti on vähenemään päin
 – jotain muuta tilalle tennis tai sitten golf.

Vuosi takaperin muistan kun oli muotia
Tampereella pitää mailaa mukana
niin että varsi törrötti ja lopulta
myytiin kasseja joista näkyi vain varsi
eikä mailaa tarvinnut ostaa
liikkeessä Pyynikintorin varrella niitä myytiin
tulihan se halvemmaksi pelkkä varsi
kauppa kävi hyvin mikä image
vetää kassi takarontista kun luukun avaa
on se vaan hullua tuo muoti.

Nyt kai laitetaan mekin rata Tampereen rajalle
kun sattuu olemaan pala turhaa maata
 – helvetti oletko ajatellut mitä se maksaa

ainakin kolme neljäsataa tuhatta
vaikka maa on valmiina
ja sen päälle ylläpitokulut.

Kai niitä kenttiä tulee kuitenkin
vaikka ennen pelasivat vain harvat
sama se tenniksen kanssa ja nimet muuttuneet
voittajatkin ennen von ja af
nyt tavallisia pulliaisia kisojen kärjessä
kyllä golfissa käy samalla tavoin.

Kello puoli kaksi aikuiset lopettaneet pelin
syöneet iltapalaa
juoneet maitoa viinaa neutraloimaan
poikien silmäluomet painumassa umpeen
väkisin kiskottava heidät ruudun äärestä
sillä peli on uusi ja kiehtova
koko olemuksen täyttävä virtuaalinen todellisuus.

Kuuden ällän ylioppilas
hymyilee vaivautuneesti
mutta äiti onnellinen – tytär lääkikseen
isä ajattelee: en koskaan pärjännyt koulussa
tytöt toista maata onneksi sillä kilpailu kovaa.

Tyttö sanoo että ruusut suurta tuhlausta
äiti eri mieltä kyllä ihmisen pitää saada kukkia
edes kerran elämässään niin että sen muistaa
kun itse pääsin ylioppilaaksi
vuonna kuusikymmentäkuusi
seisoin koulun ovella ja kädet
hädin tuskin ulottuivat kimpun ympärille
kotona ne laitettiin vesisaaviin.

Äiti säteilee sukulaisten ja naapurien keskellä
emännöi etsiessään maljakoita
katsoessaan pöydän leivonnaisia.

Esikoistytär on onnistunut mutta hänestä tuntuu
kuin hohto hävinneenä ilmaan
suurten ikäluokkien myötä
eikä opiskelupaikka ole varma
edes sillä todistuksella
juuri haluttuun tiedekuntaan
hän seisoo totisena
pääsykoekirjat odottavat korkea pino

lakki puristaa hiukan ja keskipäivän aurinko takaa
ihmiset suurina ryppäinä
koulun rehtori Osuuspankki kynälahjansa kanssa
sukulaisten pyntätyt lapset äitien katseissa kateus
kun oma jälkikasvu ei saanut yhtä monta ällää
vieraat katsovat ja sankari on totinen
missä nuoruuden huolettomuus
ennen sanottiin kaikki portit auki
tulevaisuus ruusunhohteinen
niin ei taida olla enää eikö koskaan enää?

Tyttö karkaa keittiöön
siskot pöydän ääressä nauravat
kun äiti siivosi komerotkin kuka niihin kurkistaa?

Hän karkaa huoneeseensa
sanoo valmistautuvansa illan juhlaan
mitä sitten odotetaan
täpötäyteen ravintolaan maksamaan kiskurihintaa
ollaan iloisia enemmän kuin oikeastaan ollaan
joka paikkaan paljon hakijoita
äiti vaati lukemaan lääkäriksi
niin kauan aikaa että jo itkettää.
se on itse ollut hoituri
katsonut liian kauan valkotakkisia ylöspäin
mutta hän haluaakin jotain muuta.

Vaan onhan se hyvä kun kotona paljon huoneita
niin sitten työttömänä maisterina
voi tuoda miehensäkin nurkkiin asumaan,
jos erehtyisi vielä naimisiinkin.

Ihmisen ja työn kasvot

Ennen perestroikaa
johtaja palaa vientimatkalta Neuvostoliitosta
selvittyään neuvottelusta vastapuolen kanssa
pysähtyy hetkeksi peilin eteen katsomaan itseään
kääntyilee ja lausahtaa lopuksi
minusta on tullut vatsakas
ääni melkein tyytyväinen
hän katsoo kokonaisuutta
tanakoitunut mutta vielä nuorekas
tumma tukka paksu
vain muutama harmaa kohta joita tuskin huomaa
kun se kihartuu leveiden kasvojen yllä.

Hän istuu kahvipöytään ja aloittaa
ajattelin jo tulomatkalla
olisi mukava kertoa koti-Suomessa
mallipalaverin välipalana pöydän ympärillä istuville
sihteerille käyttöpäällikölle ja muille
tai tehtaan varastossa
kun on ensin tutkittu tuotteet
ja istutaan hetki tutuksi tulleen pöydän ääressä.

Naapurimaassa hauskuus kyllä puuttuu
kun uupuneena makaan kolkossa
ja ummehtuneen ilman täyttämässä huoneessa
hikinen ruumis kaipaa saunan löylyyn
vilvoitteluun ja viileiden lakanoiden väliin

mitä sihteeri sanoikaan kun kysyin neuvoa
kerran vuodessa tulevaan ongelmaan
mitä vaimolle lahjaksi:
Osta mustat satiinilakanat se on erikoista
kaikkea muuta hän jo varmaan saanut.

Siirrän patjan keskelle lattiaa jätän valot palamaan
vielä ei ole näkynyt niitä luteita
mutta epäilen tulevan ei olisi ensimmäinen kerta.

Päivän tapahtumat vielä kelautuvat
ulkona Moskovan kevät kauneimmillaan
kun istumme neuvottelupöydässä
vastapäätä tärkeät kauppakumppanit
Feximan Marina vieressäni tulkkaa keskustelua
herrat puhuvat virallisesti
eikä asiaan ole vielä päästy
kun näen miten ruskea elukka
nousee pöytälevylle hitaasti
kuin epäröiden liikkuu yli kohti muistilehtiötä
inhoa tuntien seuraan sitä silmilläni
vaikea keskittyä kuuntelemaan muita
kukaan ei ole huomaavinaan
vastapuolen kasvot eivät hievahda
Marina toistaa sanoja tasaisella äänellä
koko ajan litteä olio lähestyy pöydän reunaa
valmiina putoamaan syliini uppoamaan vaatteisiini

voin kuvitella kovan tahmeuden
niljaisten jalkojen liikkuessa
ja lasken käteni hitaasti ja merkitsevästi
osoitan sitä etusormellani
kukaan ei ole näkevinään
itse olen ötökän määränpäänä
olen aina inhonnut epäjärjestystä ja likaa
puhumattakaan pienistä eläimistä
jotka edustavat alkeellista saastaisuutta.

Pakokauhu saa pian vallan
pakon edessä ratkaisen ongelman
tartun lehtiön reunaan odotan
kun puheessa tulee hetken tauko
lyön lehtiön pöytään sanon painavalla äänellä:
näin asia varmasti on.

Marina katsoo hämmästyneenä ja kääntää sanat
en tiedä miten mutta ilmeisen hyvin
koska kukaan ei hämmästy ja eläin on hiljaa
sopivalla hetkellä vedän lehtiön reunaa vasten
niin kaukana itsestäni kuin yllän
siirrän jalkani vastakkaiseen suuntaan
kurkistan pahvin alle
se on tahrainen mutta tilanne on ohi
voin keskittyä neuvotteluun kaupantekoon
votkanjuontiin ja kuvioihin

joita on vaadittu vuosien mittaan
joissa olen yritykselle korvaamaton apu
koska kestän hyvin votkaa
joskus kaadan juoman lasistani kukkapurkkiin
en humallu ja pystyn neuvottelemaan.

Englannin Manchesterissa
kaikki alkoi yli kaksisataa vuotta sitten
pikakäynti sinne osuu toukokuun loppuun
kun on ensin nähty
Westminster Abbey ja vahakabinetti
ajettu siistillä maanalaisella
ja käyty Mark et Spencerillä
ostamassa jotain pientä matkamuistoksi
seisty Trafalgar Squarella
niin sen jälkeen matka Manchesteriin
kapean maan reunalta toiselle
tasaisesti jyräävässä junassa
yksitoikkoisen maiseman halki
kun luonto on rehevä ja vihreä
ja kumpuilevia niittyjä riittää loputtomiin
vaan ei metsää jota suomalaisen silmä kaipaa.

Pienet pensasryhmät kohoavat siellä täällä
talojen ympärille istutettu puita
kuin itkemään mennyttä aikaa
sillä tältä saarelta metsät hakattu jo kauan sitten
laivojen rakentamiseen talojen rakentamiseen
ihmisen loputtomiin tarpeisiin
ja kulttuuria tuomaan.

Kuluu muutama tunti ja olemme perillä
paljon Lontoota nokisemmassa kaupungissa

teollisuusalueella korkeita kivirakennuksia
likaisine seinineen kortteli korttelin jälkeen
pimittämässä kirkasta päivää
ei lupaa sadetta jota Englannissa pitäisi riittää
mutta ehkä sumu ja märkyys
kuuluu muihin vuodenaikoihin tällä saarella.

Asuntoalueilla kadut loputtoman tuntuisina
hiljaisina tiilitalojen ympärillä
kahden tai neljän perheen taloja
jokaisen edessä hyvin hoidettu puutarha
ruusuineen ja nurmikkoineen
ja takapihalla keittiöpuutarha
helppoahan heidän kun ei ole talvea ja routaa
vain joskus ohimenevä räntäsade
pehmittämässä samettimaista nurmikkoa.

Kaupungin ulkopuolella puuvillakukkulat
vihreät kumpareet jatkuvat
niin kauas kuin silmä kantaa
täällä jossain sai alkunsa
teollisuuden vallankumous
joka muutti maailman
kun käyttöön otettiin ensimmäinen kone
Kehruu-Jenny korvaamaan värttinän ja rukin
monet naiset jäivät työttömiksi
käsityöllä ei enää merkitystä

se tapahtui loppupuolella 1700-lukua
ja myöhemmin Amerikan herra Taylor
jakoi työssä tarvittavat kädenliikkeet
minimaalisen pieniin palasiin jokaiselle omansa
sai liikeradat tehokkaiksi tarkkaan hinnoitelluksi
edullisiksi ja voiton maksimoitua.

Myöhemmin palattiin hiukan takaisin
suurempia kokonaisuuksia
puhuttiin työn mielekkyydestä
silti vaatetustehtaassa edelleen
seurataan perinteitä jotka alkoivat täällä
kirous niille naisille
jotka rasittavat niveliään vaihetyössä.

Naistyöpaikalla
tahti on kiivas
silloin kun Suomessa vielä ommellaan
ehkä vielä nytkin siellä täällä.

Kello on seitsemän kun kellokortit napautettu
sitä ennen lapset syötetty ja valmisteltu
kouluun tarhaan perhepäiväkotiin
miehelle tehty eväät vaatteet katsottu
sähköt ettei jääneet päälle
ulko-ovi sulkeutui kunnolla ja avain on mukana.

Perillä puolijuoksua pukukoppiin
takki pois vaihdetaan kengät
portaita ylös kellokortille
käytävää pitkin ompelukoneen vierelle
ja määrättynä hetkenä
kaikki kädet tarttuvat kankaan reunaan
etukappaleisiin takakappaleisiin
linninkeihin vyönosiin
sisävaraan kaulukseen housunlahkeisiin
tai muihin vaatteen eri osiin
kun kuljetin liikkuu nykäyksin
jokainen omalla kohdallaan
kädet alkaneet jatkuvan liikkeen
kappaleet vastakkain alkukohta paininjalan alle
jalat hallitsemaan polkimia

ja koneen rätinä taukoamaton.
Toisaalla silitysrauta päästää sihahdukset
prässit kohahtavat
ilmanvaihtotorvi imee höyryt.

Päivän mittaan alkaa jäsenissä tuntua
liike aina sama ruumis puutuu selkä jäykistyy
olkapäät kipeytyvät nivelet särkevät
osastolla kolme naista jo hakenut sairaslomaa
jännetuppitulehduksen takia
yleinen vaiva kun työ
liian yksitoikkoista ja kuormittavaa
lepo ainoa hyvä hoito mutta lääkkeitä käytettävä
kun on niin kiire ja rahapula.

Kello on neljä kaikki polkimet pysähtyvät
käsien liike lakkaa jalat hakeutuvat muualle
portista ulos ruuhkabussiin
ruokakaupan jonoon päiväkodin eteiseen
sieltä lapsen kanssa kotiovelle
keittiöön ruoanlaittoon tiskaamaan
pyykkäämään vaatteita korjaamaan
kuuntelemaan pikkulapsen itkua
murrosikäisen kiukuttelua
valvomaan läksyntekoa
ja itsekin uneen kun kello pantu soimaan
että herää riittävän ajoissa

taas laittamaan lapsia kouluun
ja uuteen rumbaan työelämän kierteessä.
Tehtaalla taas uusi päivä työntekijöitä sairaana
työnsuunnittelu joutuu ongelmiin
liuskat ajettava uudelleen
kuormitus tasattava työt saatava ajallaan
eikä toimitus saa myöhästyä
kankaat kulkemaan pysähtymättä linjan läpi
leikkausosastolta kappaleniput eteenpäin
valkoisina punaisina vihreinä
pastellisävyisinä ja tummina
aina kulloisenkin muotitrendin mukaan
vaate saa muodon sauma saumalta
kuminauhakatkaisuineen vetoketjutuksineen
ja vasta kokoonpanovaiheen työntekijä
näkee millainen on kaikkien osien summa
muille on olemassa vain yksi kohta
joita päivässä sadoittain
tunnista tuntiin työminuutista toiseen
jotka kaikki on laskettu ja hinnoiteltu
näkymään rahana tilipussissa
aina kahden viikon kuluttua
sillä ihminen on koneen jatke
ja aina on kiire
sesongin mallit ja vaatemäärät
saatava nopeasti markkinoille
kilpailukeino sillä eihän

kukaan osta ainakaan normaalihinnalla
kesäpuseroa keskikesällä
eikä toppavaatetta saa toimittaa
enää lokakuun jälkeen
vähän kyllä riippuu ilmoistakin.

Ompelimot tasapainoilevat määrien kanssa
tilausmäärien henkilöstömäärien
kustannuslaskelmien tehon ja vielä kerran tehon
jokaisella naisella erilainen
ja sairastapaukset erikseen
niin syntyy kapasiteetti
kun ihminen muutetaan numeroiksi
joiden avulla saadaan maksimaalinen hyöty
koska vain siten pärjätään – tai ei pärjätä.

Vaikka on työsuojelu
jota ivataan työltäsuojeluksi
kylmät tosiasiat ratkaisevat
tai sitten työ viedään muualle
Viroon Intiaan Bangladeshiin.

Niin kauan kuin tehdas pyörii
omistaja korjaa voiton tai tappion
joku suorittaa tarvittavat irtisanomiset
joita kaikkialla pelätään.

Työ leimaa meidät vieläkin
kuten vuosikymmeniä sitten
on arvomme ja identiteettimme
tekniseksi muuttuvassa maailmassa
uskotaan sen kuuluvan elämän kulkuun
kuten aina ennen.

Kahdeksankymmentäluvulla pieni tehdas
punatiilisessä rakennuksessa kosken partaalla
kauniin luonnon keskellä
jossa ommellaan nahkaa
tehdään puseroita housuja hameita
takkeja turkkeja jakkuja
hitaammin kuin kangasta ommellessa
mutta työ on tekijälle yhtä pakottavaa
eikä virheitä sallita
koska materiaali maksaa paljon.

Leikattavat kappaleet irti vinolla pöydällä
lasin päällä puukko liikkuu
palat jatkavat ompeluun viimeistelyyn
tarkastukseen pakkaamoon.

Kenkätehtaan puolella on toisin
paksua nahkaa levylle
mietittävä nahan laatu
kohta jossa eläin on juoksee niityn poikki

venyttää niveliään ja nahan veltoksi.

Täällä mallirauta paikalleen
koko ajan mietittävä miten asetetaan
jotta kappaleesta tulee luja
kestävä ja venyvyys on oikea
mutta ennen kaikkea
nahkaa ei saa kulua paljon
enemmän tai vähemmän muodikasta
kenkää tai saapikasta vartan
siksi oppiaika työhön kuukausia
ja jotkut eivät opi koskaan.

Palat jatkavat liukuhihnalla
naiselta toiselle ja jalkine muotoutuu
tietokone laskee kuormituksen työvaiheet
pitää muistissa työnosat
tekijän nopeuden ja muun
jotta kaikki pyörii keskeytyksettä
suuren salin perälle asti
ja jokainen saa oikeudenmukaisen tilin.

Pian leikataan lasersäteellä vesisuihkulla
mutta tuskin se soveltuu pienille määrille
ehkä luotettavin on ihminen itse
ainakin vielä ja näillä palkoilla on kiire
sillä sesonki on lyhyt ja talvikengät kauppaan

sitten mietittävä mistä löytyy tekemistä
ennen kuin uskalletaan kevätmallistoon
sillä kuluttaja on arvaamaton.

Nuori tyttö on pitkä ja ujon tuntuinen
tulee tehtaalle keväällä kun ammattikoulu ohi
arkana ohjataan työhönottajan puheille
joka ottaa paperit
ja katse pysähtyy ylioppilastodistukseen
kun silloin vielä ylioppilaita valmistuu vain vähän.

Todistus on huono numerot alakantissa
tämä on kyllä ensimmäinen kerta
kun lakin saanut pyrkii tavalliseksi ompelijaksi
miten siihen tulee suhtautua?
Ehkä vain asiallisesti kertoa palkasta
ja työn vaatimuksista.

Tyttö nyökkää ja sanoo ettei koulussa oppinut
sitä nopeutta jota vaihetyössä vaaditaan
mutta on halukas oppimaan lisää
ja työhönottaja miettii
kun ompelijoista on pulaa juuri nyt
hän sopii kolmen kuukauden koeajasta.

Työnjohtaja tulee paikalle
pitkän linjan nainen kansakoulupohjalta
ja nelikymmenvuotias
koulutuksesta kuultuaan sanoo:
en minä voi alkaa opettaa
yksinkertaista ompelutyötä ylioppilaaksi lukeneelle

ja miten hän tulee toimeen
muiden työntekijöiden kanssa?

Käyttöpäällikkö naurahtaa mitä sitten
ajat ovat muuttuneet
enää ei huonolla todistuksella mennä yliopistoon
ja sitä paitsi kaikki eivät halua
muuttaa pois kotipaikkakunnalta
kun täälläkin on jotain työtä
katsotaan miten se sujuu ompeleminen nimittäin
muusta ei tarvitse kantaa huolta
eikä mainita tutkinnosta kenellekään.

Kun kolme kuukautta on ohi
käyttöpäällikkö kulkee salin läpi ja katsoo tyttöä
joka istuu koneen takana ja kappaleet soluvat
käsien läpi neulan alle
ei nopeasti mutta tasaisella vauhdilla
ja kun tyttö nostaa päänsä
aavistuksenomainen hymy käväisee kasvoilla
ennen kuin ne kumartuvat koneen ylle.

Vuosi kuluu hän menee naimisiin
naapurissa asuvan pojan kanssa
jää äitiyslomalle mutta luultavasti
tulee takaisin hiljaisena omalle paikalleen
työtoverit jo kaipaavat hänen läsnäoloaan

vaikka keskustelut ovat jääneet vähiin.
Onneksi ei sanottu miten hullunkurista
käydä ensin ylioppilaaksi
ja sitten tulla tehtaaseen tavalliseksi työntekijäksi.

Päivä loman päätyttyä saa mielet kuohuksiin
Näitkö kun Laura tuli tänään töihin
on siinä nainen
toisella puolella Heikki ja toisella Vilho
Vilho tietysti hiukan horjuen
näkyi lähtevän pois jo kymmenen aikaan.

Laura kolmekymmentäviisi eronnut ja puhelias
asuu omakotitalossa tyttönsä kanssa ja Heikin
ja Vilhokin vielä silloin tällöin
kun miesparkaa poiskaan ei voi ajaa
ilman yösijaa juopottelemaan.

Kävelevät tehtaan porttia kohti
tie hiekoitettu epätasainen
vanhat koivut heittävät varjon aamun kirkkauteen
Laura keskellä vaaleana hymy herkässä
määrätietoinen ilme kasvoilla
lyhyeksi leikattu tukka leveän aistilliset huulet
paljon elämää nähneet silmät
lyhyet askeleet terveyssandaaleissa
suonikohjut sinertäen sukkahousujen alla
kapea vyötärö lanteet keinuen
leveä kesähame askelten tahdissa.

Heikki rinnalla nuori pitkänhuiskea
astelee hiukan kumarassa huulilla aavistus hymyä

Vilho lyhyillä jaloillaan kalju päälaki kiiltäen
pöhöttyneet juomarin kasvot huulilla virne.

Seuraavana päivänä Laura ja Heikki polkupyörällä:
ujosti hymyillen:
otin tytön tangolle, ettei tarvinnut kävellä.
Miten moniselitteistä on elämä.

Olen tehtaan turkisompelija
istun yläkerrassa alkoholiongelmani kanssa
mutta silti tulen siistinä töihin
ammattilaiseksi koneen taakse
kun muut katsovat oudoksuen
yksinolo on surullista mutta ylpeyteni kestää
pitää selän suorassa ja ryhdin hyvänä
ulospäin ei saa näkyä mitään
on vain kone työn rytmi ja vauhtia ja ylitöitä
ja koko osaston suurin tili.

Kotona viikonloppuna on toisin
norsunluutorni peltomaiseman keskellä
sen jyrkät portaat kiertävät huipulle asti
niiltä putoan kierien yhä alemmaksi
kunnes makaan turtuneena jääkylmällä lattialla
havahdun ja huomaan unohtaneeni ikkunan auki
jäiseen marraskuun yöhön.

Taas torni kuvaa humalaisia iltoja
seuraavaa työpäivää
kiipeän yhä uudelleen askel askeleelta
vaivalloisesti ja hitaasti mutta pudotus on nopea
yhdessä hetkessä sen tajuaa vasta päivien jälkeen.

Maanantaiaamuna kädet vapisevat
viikonlopun sumu katumuksena silmien takana

yksinäisyys taakkana kun kävelen muiden kanssa
pukuhuoneeseen ja portaita ylös koneen taakse
jossa suriseva ääni kiduttaa kipeitä ohimoita
kun näen käsieni liikkeen
tunnen turkiksen pehmeän karvan
kääntyvän sauman kohdalla
prosentit viipyvät
ja ohimoissa jyskyttävä kipu
saa päättämään *ei koskaan enää*
väsymyksen tunne ei hellitä
mutta huomenna on kaikki toisin
olen korvaamaton sillä idänvienti vetää
olen nopea ja osaan jokaisen työvaiheen
voin jäädä pois maanantaisin hakea sairaslomaa
enkä välitä kuiskailuista vihjailevista katseista
en siitä mitä selän takana puhutaan
työmoraalista jonka muka pilaan.

Seuraava viikko ja maanantai on hirvittävä
lähden pois kesken päivän
työnjohtaja vain nyökkää
sen katse ärsyttää ja sanon heti:
lähden kyllä itse pois
ei tarvitse irtisanoa tiedän aikani.

Seuraava maanantai vielä pahempi sanon itseni irti
mutta viikko on hyvä ja perjantaiaamuna perun

kuljen yksin hiekkaista tietä
jäykin askelin selkä suorassa kasvot ilmeettöminä.

Kaksi viikkoa menee hyvin
illat kotona tytön kanssa
päivät ylitöitä seitsemästä kuuteen
lauantaina tyttö menee poikakaverinsa kanssa
istun ja pelkään ja toivon puhelinsoittoa
kotona vain televisio ja kaljapullo
mutta masennus ei syvene
sunnuntaina laitan ruokaa tytön kanssa.

Rutiinipäivät jatkuvat
kunnes levottomuus saa vallan
ja yksinäisyys edessä kuin harmaa seinä
suuri tiliraha houkuttaa
ja ravintolan tunnelma on toivoa täynnä
huurteinen lasi tupakansavun keskellä
kosketus huuliin neste polttavana
valuu kurkusta alas valo muuttuu hohtavaksi
ihmisten kasvot säteilevät ystävyyttä hetken aikaa.

Maanantaiaamuna havahdun penkillä
pukukoppeja vastapäätä ja sumun läpi näen
työnjohtajan tutut kasvot totisina
ja tunnen oksennuksen hajun
inhon sillä olen piinallisen siisti

kädet kosteina ja kasvot
vessan ovi oudosti raollaan
minut on raahattu tänne alas

kuka auttoi en muista enkä tiedä
enkä haluakaan tietää
tunnen että tilanne on mahdoton
työpaikka mahdoton
en tule tänne koskaan enää on ehdittävä irtisanoa
ennen kuin työnjohtaja avaa suunsa
ja sitten mentävä kotiin nukkumaan.

Onnistun lausumaan sanat ja työnjohtaja nyökkää
ovella on toinen nainen he vaihtavat katseen
ryhdistäydyn pystyn kyllä nousemaan aivan pian
muut ovat ilmeettömiä saan lasin vettä
taas työnjohtaja nyökkää ja odottaa hiljaa.

Tiistaiaamuna kaikki on toisin
palaan ja haluan että kaikki on kuin ennen
tunnen kuuluvani työtovereitten keskelle
vaikka heidän katseessaan on ivaa
koneen äärelle turkispalojen viereen
jotka odottavat
karva taipuu sauma etenee
moottori surisee pehmeästi.

Menen työnjohtajan ja luo perun irtisanomisen
kuulen kylmän äänen: nyt ei hyväksytä
voin todistaa että olet itse olet lähtenyt
ja tajuan että arpa on heitetty
kasvot kivettyvät entisestään
muuttuvat jäykäksi naamioksi
käännyn pois ja todellisuus pakenee silmiäni
suljen ulko-oven jäljessäni ja tajuan
että kaikki on ohi yli kymmenen vuotta elämää
ja jäljellä käynnit työvoimatoimistossa
ja hermostunut odotus vaikka täällä kaikki
vielä ennallaan suljetun oven takana
en vain ei enää kuulu joukkoon
koneen taakse tulee joku toinen
pian ei kukaan enää muista.

Käyttöpäällikön työpäivä
alkaa sinäkin perjantaina puoli kuusi aamulla
kun nousen keittämään kahvit
ja tunnen tarvitsevani kolme mukia
herätäkseni täysin tähän päivään.

Ehdin hiukan järjestellä keittiössä
löytää rypistymättömän puseron
vetää kevyen silmämeikin
ennen kuin koululaiset pitää herätellä aamupalalle
ja tuhiseva kuopus tarhaan vietäväksi.

Selviän tumppujen ja kuravaatteiden kanssa
painan päiväkodin oven hiljaa kiinni
ja lähden ajamaan tuttua tietä
ensin asfalttia sitten kuratietä pitkin
ne viisikymmentä kilometriä aamuin illoin.

Onneksi hiljaisen liikenteen aika
ajatukset harhailevat
pysähtyvät päivän asioihin
odottaviin tekemättömiin töihin
kunnes auto kaartaa tehtaan pihaan
soran rapistessa jarrujen toimiessa äkäisesti
pysähdyn ja läimäytän oven kiinni
välittämättä lukita
ollaanhan maaseudulla ja turvassa.

Nousen ylös vanhoja sementtiportaita
ovet painuivat kiinni hiljaa naristen
konttorin ja puhelinkeskuksen ohi
nyökäytän hyvän huomenen lasin takana istujille.

Omassa huoneessani vielä hiljaista
ehdin kiertää tehdasta nähdäkseni että kaikki sujuu
osastoilla surisevat koneet
työnjohtajilla kaikki selvää täksi päiväksi.

Pitkän salin loppupäässä
vanhemmat työntekijät tarkastavat tuotteita
mutta laatu on suhteellinen käsite
ja on mietittävä mitä kannattaa korjata
ettei tehtäisi liian hyvää kalliisti
eikä liian huonoa josta tulee palautetta
kun varastossa odottivat takkien pitkät rivit
lähetystilanne ja monet kysymykset
kuka on tärkein asiakas kuka saa odottaa
ja mitä tehdään turhille palautuksille.

Lopun päivää puhelin soi lakkaamatta
riittää kävijöitä ja ongelmia
kunnes tasan kello neljä kaikki hiljenee
ehdin alkaa paperitöitä
ja vasta myöhään suljen oven
palaan perheellisen naisen arkeen.

Messumatkalla lähden Pariisiin
metroon joka risteilee katujen alla
suorina linjoina liittymineen ja asemineen
astun alas sementtiportailta putkeen joka jatkuu
haarautuu ja kattaa koko kaupungin
sillä kaikki tiet vievät maan alle
jonne ei yllä vuodenajan vaihtelu
vain harmaana puhaltava ilma
epämääräinen tuoksu
ja katkeamaton ihmisten virta
alkanut aamulla rauhoittuu keskellä päivää
kiihtyy iltapäivää
ja työpaikkojen sulkemisaikaa kohti.

Elämä vyörymässä silmieni editse
liikemiehet salkkuineen
messuvieraat maailman ei puolilta
nousemassa ensimmäisen luokan vaunuun
joissa lippu maksaa enemmän mutta on tilaa
pääsee istumaan välimatkan ajan
muissa vaunuissa on täyttä
otetaan tangoista kiinni ja huojutaan
kun juna heilahtelee pysähdysten tahdissa
ja jyrisee tasaisesti hetken aikaa.

Pieni musta poika kooltaan kuin nukke
(jos ajattelee pohjoismaista ihmistä)

vaikka ikää ainakin neljä vuotta
tuijottaa ruskeilla silmillään
jos vastaa katseeseen hän liikahtaa
kuin tullakseen luokse mutta kääntyy
tarttuen isän jalkaan hymyilee leveästi.

Millainen on hänen elämänsä
kadulla pakoputkien tasalla
likaista ja meteliä sillä tuskin perheellä on varaa
viedä häntä lomalle puhtaaseen luontoon
koti ahdas koppero kivimuurin sokkelossa
leikkipaikkana harmaa katu
silti silmät tuikkivat iloisina
ehkä hänellä on hellä äiti
ja isän syliin on turvallista kiivetä
veljen kanssa mellastaa omassa maailmassa
vaikka ahtaassa ja likaisessa.

Muut katsovat välinpitämättöminä
vaistomaisesti tietävät missä jäädä pois
nousta nopeasti ja siirtyä ulos
kuin automaatti tunteeton naamio kasvoillaan
vain turistit tuijottavat oven yläpuolelle
jossa välkkyy valo opastintaulu osoittaen asemia
Lovren seinässä veistoskuvioita
Pasteur yksinkertaisen selkeä
pääteasema Porte de Versailles karu

kuten muutkin nokeentuneine seinineen.

Katseeni hakeutuu exit-kylttiin
jalat ylös nouseviin portaisiin
kävelyreittiin junan ulkopuolelle
jonka kulmassa vanha mies soittaa viulua
anova hattu edessään maassa
nuoret työttömät etsivät turisteja puhdistettaviksi
eikä pidä olla liian hieno
eikä kulkea yksin hämärässä kohdassa
edes pienen ryhmän tukemana.

Likaisen kaarteen kautta jatkan harmaalle kadulle
kävelemään suurissa halleissa
ravintoloihin maistamaan outoa ruokaa
höyrytettyjä simpukoita suurilla vadeilla
joista kuoriin jähmettynyt eläinmassa
kaivetaan esiin pienillä haarukoilla
kitalaen tunnustellessa vetistä makua
rapeaksi paistettua kalaa
jonka kuori on kullankeltainen
ja alla piilevä liha lumenvalkoista.

Aamulla herään sumusta sakeaan ilmaan
eikä liikenteen melu häirinnyt nukkumista
pihan puolella halvassa huoneessa
avaan ranskalaisen ikkunan puoliskot

vastaan lyö pakokaasun löyhkä
harmaan kivimuurin reunustamalla kujalla.

Ravintolassa paahtoleipää ja hunajaa
patongin kuori rapisee
kuin hiekka kotona jalkojen alla
juuston tahmeus jää viipymään suuhun
croissantin kuori paksu ja rasvainen
eikä tarjoilija piittaa murenista
vaikka hotelli on hieno
hän spontaanisti nuolee sormiaan.

Jokilaiva keinuu Seinen aalloilla
edessäni virtaa leveä joki ja vihertävää massaa
on vielä valoisaa mutta vesi samean harmaana
tuo historian esiin menneisyyden ja nykypäivän
elämän ja kuoleman keskellä se soljuu hitaasti
aallokkona siltojen alla imien lian ja saasteen
mutta suuren virran lumous
on säilynyt vuosisatojen läpi
vaikka toiveet ja unelmat vain varjoina.

Veneet keinahtelevat matalilla laineilla
tyynen öljyisellä pinnalla on huvipursi
pehmeänvalkoiset kyljet
vihreä köynnös ja värilliset lamput
nousen leveälle puusillalle
hymyileviä vastaanottajia kohti
muiden mukana laivaan ja siirryn pois arjesta
kun kevyesti keinahtaen lähdemme liikkeelle
rantaviiva liukuu silmien editse
hitaasti ja sitten nopeammin.

Alhaalta nähden kaupunki outona siltojen alla
seinissä maalatut iskulauseet kuin huuto
silti kivimuurit yksitoikkoisina
kun lasit täyttyvät ja samppanja virtaa
on vain sitä ja viskiä amerikkalaisia varten.

Kaupunki jää taakse edessämme huviloita
toinen toistaan upeampia vaaleita palatseja
seinissä korkokuvat edessä patsaita ja pylväät
monimuotoisina kaariholveineen
kilometri toisensa jälkeen
koristeita istutuksia kuin siirtyisi keskiaikaan
taiteen ja käsityön maailmaan
aistisi heidän läsnäolonsa täällä
pyrkimys täydellisyyteen
kauneuden luominen marmoriseen pintaan
jonka unelma ollut käsinkosketeltava
mutta nyt vain harmaantunut varjo
loiston peityttyä saasteen alle
tummuneen likakerroksen ja massan
ennen sileä pinta rapautunut
korkokuvien kulmat lohjenneet
kasvit surkastuneet ja ennen vihreät
köynnökset riippuvat ruskeina
ennen kuulas ilma samentunut harmaaksi
illan sininen hetki ei enää hohda
eikä valo ole pehmeää
nyt vain pyhäinjäännöksiä ja ajan kysymys
koska seuraa lopullinen tuho.

Alus keinahtaa ja kääntyy
paluumatka pienen saaren jälkeen
ilta hämärtynyt ranta peittynyt pimeyteen

vesi musta nauha jossa lamput kimaltavat
yö keinuu silmien edessä ja aika liukuu ohi
kello puoli yhdeksän ilta vasta alkamassa
naisten katseissa vihjailevaa odotusta
korkeat korot keinuttaen lanteita
kädet elehtien vilkkaasti
kohti rennon huoletonta miestä
jonka liikkeissä aavistus
saalistavaa petoa aikojen takaa.

Seuraavana päivänä kadulla
turistien matkavaatteet erottuvat
päivän muoti kävelee vastaan
näyteikkunoiden sokkeloissa sesongin värit
eikä mikään vastaa mielikuvaa Pariisista
jonka loivat kuvat kirjoitukset romaanit ja elokuvat
ehkä syynä se että olen yksin
rakastavien kaupungissa enkä näe loistoa
sitä romantiikan hohdetta mikä liitetään Pariisiin
sen tappaa harmaa ilma
hengitykseen tunkeutuva pakokaasun lemu
tai vain kiire messulle ja takaisin hotelliin
erilaisiin tapaamisiin päivän mittaan.

Aatonaattona on joulukahvit kuten aina
mutta tänä perjantaina saan yllättävän soiton
ei johtoryhmä ehdi pitää puuropuhetta
kuten aina ennen ja arvaan syyn
on ilmoitettava irtisanomisista
ensimmäistä kertaa tämän tehtaan historiassa
nyt kun kenkätehdas lakkautetaan
johtoryhmä ei halua kertoa ikäviä uutisia
se jää minun tehtäväkseni
puuropuhe joka ei hauska kuten aina ennen
sillä tämä tiedotus tuo paljon tuskaa.

Lähden yksin hämärtyvään iltaan
ei kukaan kulje rinnalla kuin ennen
ryhmät hajaantuneet ja hiljaisia
kun kuljen tasaisia askelia pikkutiellä
mielessä hajanaiset ajatukset
ollaan koossa jouluna viimeistä kertaa
– pian ei enää sillä lampaat erotetaan vuohista
kuten muinoin Raamatussa kerrottiin
toiset oikealle toiset vasemmalle
toisilla jatkuu elämä toisilla alkaa tyhjyys.

Salissa on hiljaista kaikki muistavat
että koskaan ennen ei edes lomautettu
nyt on toisin ja mitä voin sanoa?

Paikka on tuttu ja pöytä
joulukukat kynttilät kahvikupit tortut
puuttuu vain puheensorina ja iloiset ilmeet
tupakansavu ja vitsit.

Mielessäni etsin kevennystä
hilpeitä puuropuheen sanoja
kunnes alitajunnasta nousee tieto
ei aikaa iloon ja turhiin puheisiin
kasvojen edessäni katsoessa haudanvakavina
nousen hitaasti ja kerron yksinkertaisesti
mitä sisimpäni tuntee:

Tänään kokoonnuimme
kuten monta kertaa aikaisemmin
mutta erilaisin ajatuksin
joiden paino on vain kestettävä
ja samalla on nähtävä se
miten luonto ympärillämme valkoisen kaunis
ja syksyn harmaa lika peittynyt
lumen suureen hiljaisuuteen
jossa aistimme jo joulurauhan
käsinkosketeltavana edessämme
eikä niitä arvoja voi mitata rahassa
eikä tehtäväämme ihmisinä
saa horjuttaa ulkopuolisen arviointi
vaikka on totuttu arvostaman kaikkea

vain työn kautta palkan mukaan
ja arkipäivän rutiinina.
Nyt on pakko tajuta
että se ei ole ihmisarvon mitta
vaan jokainen on ainutkertainen
tämän elämänsä ajan
kohtasi mitä vaikeuksia tahansa
sillä työ ja työttömyys ovat ohimeneviä
eivätkä saa koskea itsetuntoon
kun olemme vain pieni osa
luonnon suunnatonta rakennelmaa
joka kulkee omaa rataansa
ilman yhteiskunnan koneistoa ja liikettä.

Kauan teimme työtä yhdessä
ja uskon että tiedätte mitä tunnen nyt
mitä me kaikki tunnemme siihen eivät sanat riitä
voin vain toivottaa teille kaikille
hyvää ja rauhallista joulua tänäkin vuonna
onnellista joulumieltä edes hetkeksi
näistä tapahtumista huolimatta.

Sanat loppuvat ja sali täysin hiljaa
lähellä istuvien silmissä kyyneleitä
hitaasti tartutaan kahvikuppiin syödään torttu
ja pian kaikki kulkevat pimenneeseen iltaan.

Omistajanvaihdos muuttaa kaiken
suuri yritys sattuu ostamaan pienen tehtaan.

Johtaja osti vaimolleen neljä turkkia
samalla kaupalla kun sai alennusta
kauppias kysyi eikö rouva halua itse valita
ja sai vastauksen ei se millään onnistu
kun sillä ei ole makua
mutta kun istutaan kahvipöydässä
ja mukana ovat säätiön edustajat
hän lausuu painokkaasti:
minun vaimoni hän on kulttuuri-ihminen.

Vaimon taidegalleria
perustettu appiukon varoilla
ylläpidetty yrityksen siivellä
jotta vaalittaisiin imagoa ja ajankuluksi
jotta elämä tuntuisi kiireelliseltä ja tärkeältä
on helppo järjestellä näyttelyjä
saada kuvia naistenlehtiin
yhdessä turkisvalikoiman kanssa
ja paikkakuntalaiset voivat naurahdella
miten aviopari tapaa
vain osuessaan samaan kapakkaan
kumpikin oman seuralaisensa kanssa
ja menee sitten kotiin eri ovista
naamiotaan riisumatta.

Kun tehdas on myyty on uusi aika
rouva keksii vaatia divaaniinsa
ompelimon tekemät päälliset nahkaa
kesken kiireisimmän mallisesongin.

Mahdotonta niillä koneilla mutta pakko
mitat otetaan ja vaateompelijat yrittävät syventyä
huonekalupäällysten salaisuuksiin
se ei onnistu eikä selityksistä apua
sillä rouva on suunnitellut kaikenlaista itse
huonekalujakin ja muuta
niin on turha väittää mitään
ja työ oli tehtävä uudelleen ja oikein.

Keveillä koneilla se ei onnistu ei vieläkään
ja pikkutehtaan johto saa tajuta
mitä merkitsee tulos tai ulos.

Myös muovitehdas myydään
joku kysyy mitä yritys tekee rahalla
ja toinen naurahtaa mitä sillä
omakotitalon hinta
sillä meni kaikki
vuosikymmenien uurastus ja rakennukset
työttömiä vielä riittää.

Yksinäinen nainen
kaunis punatukkainen hiljainen ja vaatimaton
ystävällinen jokaiselle kävijälle.
oli kauan töissä puhelinkeskuksessa
tehdasrakennuksen yläkerrassa
mies kuollut jo monta vuotta sitten
tetanukseen verenmyrkytykseen
ja tapausta pidettiin outona.
Elääkö nainen yksin kuka tietää
mutta juoruja on vähemmän kuin siitä
joka heilastelee toimitusjohtajan kanssa.

Hän keskusnainen hymyilee
vastaa puhelimeen tasaisesti
aina paikalla huomaamattomana
kunnes irtisanomiset alkavat silloin huomataan
ja siirretään vähäeleisesti syrjään
yhdentekevää miten sitä perustellaan
se merkitsee yhden jakson loppua
hänen elämäänsä jossa kymmenien vuosien ajan
tiesi oman paikkansa ja tehtävänsä
kun jokainen valkeneva aamu toi mukanaan
rasittavan mutta tapahtumista rikkaan päivän
kun tutun pöydän ääressä odottivat
tutut harmaat mapit
ja tiesi äänensä ratkaisevan
miten soittaja arvosteli yritystä.

Nyt hän seisoo suljetun oven edessä
kysyy itseltään miten voisi jatkaa
ihmettelee mikä isku tulee seuraavaksi
miten katkeaa kuin veitsellä leikaten päivien kulku.

On vaikea tajuta olevansa sivullinen
mutta elämä ei ole pehmeätä koskaan
saneeraus johtaa irtisanomisiin se on selvää
mutta potkut kymmenen vuoden jälkeen
sitä on vaikea ymmärtää
kun on kiintynyt työpaikkaan
sen tiloihin ja kalusteisiin
työtovereihin ja esimieheen
ja kaikkeen tutussa ympäristössä.

Ennen nousi ylös mieli täynnä innostusta
nyt aamulla herää liian varhain
rinta täynnä nimetöntä kipua joka ajaa pimeyteen
eikä muista sitä edeltävää aikaa
kotona yksin näkee painajaisen
kun unessa työtoverien tutut kasvot
tulevat hitaasti vastaan
täysin ilmeettöminä kävelevät ohi
ja on heille pelkkää tyhjää
niissä unissa on pakko kulkea
vastaantulevien kasvojen virrassa loputtomiin.

Aamut ovat pitkiä ja hiljaisia
kun herää kello kolme
ennen kuin lehti kolahtaa postiluukusta
jos on arki muut heräävät eloon
heillä työ ja perhe rakentavat puuhansa metelinsä
ja jokapäiväisen rutiininsa.
jos sunnuntai on hiljaista
kunnes kirkonkellon kumina
kertoo kristillisen kulttuurimme vielä hengittävän.

Eikä pidä pelätä yksinäisyyttä
sen lahja on hitaasti kuluva aika
tyyneyden saavuttaminen ja rauha joskus.

Unohdetut työntekijät
kulkevat kaukaisessa maassa
jonka nimenä burn out loppuunpalaminen
muotisana sanomalehden sivulla muuttuu
salaiseksi ja häpeälliseksi osuessa omalle kohdalle
tulee usein hiipien
ja aavistuksenomaisesti valtaa mielen
ennakoivat merkit ovat huomaamatta
kunnes on liian myöhäistä
ja sen iskiessä vielä mukana kiivaassa virrassa
työelämän kiehtova pyörre
ajaa uuvuttavan väsymyksen yli
eikä tilannetta tunnusta
kunnes ulkopuolelta tulee viesti ja heittää verkon
kuin pimennysverhon kasvojen eteen
ja pohja putoaa turvallisuuden alta
pitkään rakennettu itsetunto katoaa
sillä onhan opetettu
arvostamaan jokaista hänen tekojensa mukaan.

Hetken ajan täysin pimeässä
miettii mitä seuraavaksi tapahtuu
kun lääkärin tunteettomien kasvojen takana
häilyy elämän romahduksen painajainen
ja läheisetkin ihmissuhteet vaarassa
kun kipu heittää varjon kaiken ylle
on turha toivoa selviävänsä ennalleen

löytävänsä työn mielekkyyden
kanssaihmisten arvostuksen
on vain palattava uuteen alkuun
elettävä unohdettuna
lääkkeitten ja lomakkeiden sekasorrossa.

Tuomittu rakkaus

Rakastuminen
tuo mieltä kiehtova arvoitus pitää sisällään
riikinkukon pöyhkeyden
sen levittäessä pyrstösulkansa
vallankumouksen laineet vyörymässä kiviä vasten
ja ihmismielen ikuisen rauhattomuuden
kun hetket avautuvat kimmeltävinä
ikävystymisen jälkeen ennen piilevää katkeruutta
sen tiet pakenevat analyysiämme
jossa uppoudumme arvoitukseen.

Ennen tapaamistamme
istun tuijottaen loputtomiin
maahan satavia hiutaleita talven viimeisiä
maani on valkoinen ja tyhjä
katu ja kaupunki alhaalla peittyen liikenteen alle
sillä auringon herätessä punaisena
en vielä tiedä kuka sinä olet
silti elän kanssasi aamun hiljaisuuden
illan viileyden ajatellen
että tänään löydän tasapainon
imen itseeni sarastuksen ja valon
sillä hetket laskettu mutta vielä tänään näen
lumi ei vielä liian likaista
maa ei kyllin vanha kuolemaan
ja selvemmin kuin koskaan
takerrun alkavaan kirkkauteen.

Maa synnyttää rakkauden
ja tuuli ottaa sen siivilleen
opettaakseen kiittämään ajasta
joka ei koskaan palaa.

Sielussani tulvii laulu
olen vielä yksin mutta ilma hehkuu
toivoni on vahva liekki
johon nojaan itkun häivyttyä
ilo heittää kipinöitä aika valuu hiljaisuuden kitaan
maassa on taas kevät ilmassa sen lämpö
odotan muuttolintujen saapumista
odotan uutta rakkautta
loimuavaa tulta joka lävistää sieluni
hiiltyvää liekkiä jossa on suloinen lämpö
arjen ja yksinäisyyden keskellä
odotan sävähdyttävää iskua
näen sen tulevan kuin aavistus
tietoisuutta vailla ulottuen sisimpäni salaisuuksiin.
Vielä oudolle rakastetulleni
unikuvalleni yksitoikkoisuuden maassa
haluan sepittää kimmeltävät laulut
kun yö on hiljaa ympärillä
metsä vastaa hengitykseen
tien jyrinä kuuluu etäältä
tietoisuuteni vaeltaa tummuneen maan yli
odottaen aamunkoiton leimahtavaa tulta.

Intohimon aika alkaa kuin kuiskaus
ajatusten varjon ja yksinäisyyden
pitkään jatkuneiden päivien ja öiden
epävarmuuden ja pelon jälkeen istun vierelläsi
eikä muulla ole merkitystä
aistin läsnäoloasi
ilman tietoisuuden suomaa turvaa
arkipäivä hajoaa käsissäni
sanat ja lauseet muuntuvat suodattuen
ajatusten läpi unikuvien tajuntaan.

Miten kaipaan että tulet luokseni
mittaamaan intohimon määrän
tulen liekin ja veden syvyyden
haluan että kosketat ja kaikki taivaan auringot
räjähtävät kappaleiksi sisälläni
pyydän että olet hiljaa
ja yhdessä liukuisimme hetkien myötä
luonnon yksinkertaiseen totuuteen
sillä sylini on täynnä hetkiä
jännitystä tässä ja nyt
vaikka todellisuuden tasolla tapahtuu vain vähän
ruumiissani kytee kevyt tuli sinua varten
kipinä odottaa kosketusta
hipaisua leimahtaakseen roihuun
lämpimien käsiesi alla.

Odotin kauan illan hämyssä
metsän tuoksussa ja vuorten kylmyydessä
poissa ollessasi rakennan ajatuksista sillan
todellisuuden harmaan kuilun yli.

Eräänä aamuhetkenä
tiedän miten vaikeaa ja ihanaa on olla rakastunut
puiden latvat piirtyvät tummina
vaalenevaa taivasta vasten
aamu ilman sinua on yksinäisyys
loputtomien minuuttien virta
ja vaikka tie on pitkä nautin siitä että kaipaan
sillä ennen en tiennyt miten voi rakastaa
pysähtymättä hulluuteen saakka
jähmettyen paikalleen sanattomana ja mykkänä
herätä aamuisin solut kuumina aistimaan
läheisyyttä jota ei ole
kulkea ulos heräämättä todellisuuteen.

Unesta herättyä haluaisin rakastella kanssasi
jäsenissä yön raukeus ja silmieni takana
käsittämättömät kuvat
huoneen tuoksuessa hiljaisuutta
uneksitun yön jälkeen
kun tuuleen on kirjoitettu hulluus
lehtien kohinaan intohimon vivahteet
ja vesien syvyyteen kuultava tunne.

Etsin sinua ja huutaisin sylissäsi
haluten että tunnet kaiken
kosketuksen ja katseen lämmön
viivytyksen ja tyydytyksen tunteen

antaen rakkauden tulvia kuin meri ja sen laineet
vapaana ja villinä
hyökyaaltona vihreän pinnan alla
etsien ja löytäen nimettömän tien
pelosta hurmioon
silloin sanon:
tule luokseni miten tahdot milloin tahdot
voin olla ystävä tai hellä nainen
tai kuuma jos hyväilyjä kaipaat
heitän arkuuteni pois kuin viitan
eikä ongelmia enää ole.

Nyt en enää peitä tunteitani
vapaudun ja aika liukuu hiljaa ohi
tunnen olevani kevyt luotu sinulle ja hellyyteen
tutustuen siihen mitä kaipaat
maan ilman tulen liekit nuolevat ruumistani
alastomuuteni on kuin kuva jonka ojennan sinulle
pidän sitä kädessä ja tunnen hymyilysi
huuliesi välistä kosketuksilla
päästät mieleni lentoon
vapauteen pitkän ajan jälkeen
enkä enää pelkää lähtöäsi.

Kun rakastelemme äänet tulevat kaukaa
lauluna luonnon syvyydestä
olen itse musiikkia osa maalausta

värit kirkkaina ja varjot syvän sinisinä
kun kaikki on puhdasta laulun viipyessä minussa
ja sinun viipyessä ruumiissani
kuin aikojen alusta nykyhetkeen.

Kuin sula laava virtaa sylisi lämpö
ajan loputtomaan kitaan
kantaa hetken unohduksen yli
tunnen olevani kevyt luotu sinulle ja hellyyteen
tutustuen siihen mitä kaipaat
sillä kaikki on uutena hetkien varassa
lämmön varassa heilahdellen ajan keinussa
käden liikkeen ja vartaloiden kosketuksen kanssa
elämän riemu ja hehku on läsnä
enemmän kuin me itse tai pakeneva aika.

Todellisuus pakottaa meidät erilleen
mutta lähelläsi tunnen
mieletöntä hellyyttä vieläkin
sykähdyttävää ja koskaan ilmaisematonta
halua koskettaa ja hyväillä
keinuttaa sylissä kuin lasta
palattuani hiipivästä kylmyydestä
hellyyteen ja lämpöön sinua varten
yksin ja yhdessä haluaisin kaiken esiin
sillä elämä on lyhyt hetket ainutkertaisia
enkä koskaan tiedä mitä menetimme menetämme
siksi tahdon olla lähelläsi sylissäsi
vielä pakenevan hetken ajan
pöyhkeänä kuin lintu kierrellen kaarrellen
sulat hehkuen tulta tien päässä kuolema
elimme kahden tuon hetken
yhden smaragdinvihreän linnun päivän.

Nyt sinä kuulut menneisyyteen
ja tulevaisuudessa kohoavat vuorenhuiput
kipeää tekevän jyrkkinä
syleilevät vihreät metsät
ja avautuu kuultava taivas yksinäisen kulkea
portit avautuvat hitaasti
luonto pidättää henkeään
puhjetakseen kevään loistoon
mutta sieluni on vangittuna kivisessä arkussa

raskas paino musertaen kantta vasten
sillä yö on harmaa
ja pimeydessä kimaltavat vain unohduksen kukat
eikä yksinäisen polulla ole ketään.

Joskus vielä ajattelen että voisit olla kanssani
kuin tuuli ja syksy ja yksinäisyys
ymmärtäisit synkkyyteni valottomat päivät ja yöt
eläisit kanssani toivottomuuden
ja muiston ajasta joka ei voi unohtua
jos kestäisit itkuni
ja tästä kivusta syntyisi uusi tunne
silloin olisin luotu uudelleen vain sinua varten.

Miten hellä olisin sinulle nyt
aamulla tulisin syliin alastomana kun vielä nukut
jumaloiden kosketustasi
kun hetkiä ei mittaa kukaan.

Rakastin sinua ja kaikin tavoin
maan veden ilman väreissä ja taivaan
säteilevässä aamuauringossa
ja ukkospilven mustansynkkyydessä
sen sinipunavärein maalattuna
jylyssä ukkosten ja salamien
kun toivon olet häikäisevän vapaa
rajana tunteen voimakkuus ja hellyys.

Rakastin syksyn ensi kylmyydessä
lehtien pudotessa karuun maahan
ja puiden latvat sumuun sekoittuen
aistien lämmön jäisen veden alta
ja oudon hehkun luonnon kuolemassa
vihaanko nyt kun kesän valo sammuu
ja iltaisin jään yksin pimeään
en mittaa tuskan määrää aika liukuu
yön yksinäiseen pintaan itkemään.

Vuoteen lämpimässä tuoksussa
aistin silmiesi hehkun kauan sitten
muisto sinusta satuttaa
kuin isku olemukseni tyhjään tilaan
on pysyttävä hiljaa antaen tunteen vieriä
hyökyaaltona hetkien yli
kunnes kaikki on jo ohi
ja jäljellä vain talven pehmeä hellyys
luonnon puhtaus havupuiden vihreys
ja valkoisen lumen tuoksu
ilman kirkkaus ja iltataivaan puna
rusko menneisyyden päivästä tulevaan yöhön
kun itkun jälkeen nähtävä kylmyys
yön tuuli ympärillä kun sinua vain kaipaan
ajan läpi etäisyyden läpi
on aika levätä pimeässä yksinäisyydessä
kun ruumis vaiti ja pettynyt
eikä tietä luoksesi enää ole.

Olen irrallaan tässä maassa ja kaupungissa
metsissä ja pelloilla tihenevän sateen keskellä
nähden kivet pitkinä taakkoina
menneisyydessä ja tulevaisuudessa
loputtoman lumipeitteen alla.

Aistin yksinäisyyden latujen varjossa hangella
päivän auringon kirkkauden yön kuulaan varjon
vielä kaikki minussa ja sinussa
hetki jolloin rakastuimme
tuulen kohina ja ilman virta
sanat turhina kaukaisuudessa
luonnon olemus sisälläni
kun kysyn miten paljon
on annettava uhriksi kun huumaantuu
voiko tapahtua tässä maassa
tässä kulttuurissa ja minussa itsessäni
että rakkaus on liitettynä vapauteen
intohimo unelmiin
saumattomasti kuin liukuva virta
kevyenä kuin ilmakuplat
voimakkaana kuin syvyyden pyörre
kun intohimon tuli on poltettu
ja tuhka siroteltu jääkö meille mitään?

Sytytän savukkeeni jäätyneen lammen rannalla
vesi ei enää virtaa kyyhkyset lentävät tiiliseinälle
on pyhäinmiestenpäivä ketkä meistä ovat pyhiä
eilen tänään tulevaisuudessa
kuka meistä on syytön vapaana virtaavaan veteen
tai jähmettyneeseen kylmyyteen?

Vesi kuin elämä aaltoliikettä keinuntaa huojuntaa
sen varassa kaikki mitä nimitetään onnellisuudeksi.

Syksyn oksat ovat paljaina
ja kykenen taas näkemään selvästi
kosken tummanharmaan veden
sen imun ja pyörteet
likaantuneet patsaat jäykkinä paikallaan
sillankaiteen ja mainostaulujen niittiristikot.

Pystyn aistimaan veden kosteuden ilmassa
sen raskaan huokuvan hengityksen
ja ihmisten odotuksen
bussien kaartaessa pysäkilleen
ohikulkijoiden kiireen ja kovan todellisuuden
silmien tyhjyydessä ja suun kireässä viivassa
aistin nopeuden
ja iltapäivän hermostuneen liikkeen
edestakaisen aaltoilun
keskikaupungin ihmismassassa
liikennevalojen tahdittamana
ja yksittäisten kulkijoiden särkemänä.

Kaiken tämän olen unohtanut kauan aikaa
nyt silmien eteen on avautumassa todellisuus
kaukaa sumuisten unelmien jälkeen.

Vielä sydämeni itkee menneitä hetkiä
lähellä ja kuitenkin kaukana sinusta

sydämeni samanaikaisesti vaikertaa ja laulaa
kun mielen pohjalla on suuri arkku
sen kantta ei voi avata se painaa rintaa
sisällä liikahtelevat tuskantäyteiset kuvat
kuin nilviäiset samean veden alla.

Diapamikukka

Syksy – vielä viipyy suven kauneus
vie varisevat lehdet.

Talvi – lumi tulee pehmeänä huntuna kasvoilleni
aistin sen heräävän uneni läpi.

Aamun valo äkillisenä kirkkautena
oven avaus kesään – **kevät.**

Kaikki on puhjennut kukkaan – **kesä.**

Ukkospilven vesi valuu alas raskaina pisaroina
ohuena tihkuna peittää harmaa sumu
elämäni päivät valuvat kuin helmet nauhassa
mustina ja valkeina aavemaista päämäärää kohti.

Joinakin aamuina kaikki on hiljaa
puiden oksat hievahtamatta lumitaakan alla
koivunrihmoihin on takertunut valkoinen huurre.
Seison syrjässä ja jossakin on
elävien ihmisten maa tavoittamattomissa
uupumukseni salpaa kaikki portit
hiljaisuus humisee ympärilläni
tuska on todellisuutta aivoja särkevä kipu
jota lääkkeen turtumus ei vaienna
äänettömyys edessäni menneisyyden varjot takana
ulottaen aavemaiset lonkeronsa
nykyhetken hämäryyteen.

Näinä hetkinä kun lumi on märkää ja valkoista
illat nopeasti hämärtyviä ja talvi vielä läsnä
kaipaan autiota hiljaisuutta
kylmää jäätä sielulleni tasoittamaan polttavat arvet.

Matka suureen yksinäisyyteen on alkamassa
kaupunki täynnä vieraita kasvoja
joiden ylle sataa harmaa lumi
kuljen nimettömien kasvojen virrassa
tuntematta ketään aistien kylmyyden ja sateen
näillä kaduilla jotka kerran olivat tuttuja
talojen silueteissa
jotka kohoavat harmaina jäätävästä sohjosta.

Oikeuteni vain olla olemassa tässä ja nyt
oudon virran viemänä ja päämääränä sammuminen
niin on hyvä sillä sumu peittää lopulta kaiken.

Lähden kauas pois pohjoiseen
jossa jää on suoraan edessäni sisimpäni paljaana
kuin tuulen piiskaaman tunturin laki
siellä meressä tuoksuu suola
ja kalliorannan takana vaahtopäiset aallot
seison kasvot paljaina jäistä tuulta vasten
etsin minuuttani rajattomalta mereltä
kylmyyden sylistä lintujen parveillessa kirkuvina
vedenpinnan yllä ja kylmä luonto herää
tähtimäisessä kukassa
harmaan vuonon pohjukassa.

Kysyn onko alkukotimme maa vai meri
kun lumen alta paljastunut multa tuoksuu
ja ilmassa on kevään lämpö
lännestä puhaltaa kostea tuuli
savisista aalloista kohoaa vihreä vaahto
aurinko nousee idän puolelta
vapaana on uusi päivä
otan sen vastaan kuin kohtalon
en taistellen en antautuen vaan myötäillen
ja kulkien lenkkinä pitkässä ketjussa
renkaana sukupolvien kierrossa

jonka totuus on salattu biologia
kun tuuli jättää jäljen sielu ratsastaa aallonharjalla
nousten ja painuen jälleen
vesi on todellisuus alku ja elämä
keinuttaa upottaa jäätää ja lämmittää
laineissa uni ja unohdus
saari kaikkeudessa helinä syvyydessä.

Kun palaan olen mielisairaalassa
päiväsairaalassa onnekseni sinne päädyin
siellä seisomme syrjässä
ja jossakin on elävien ihmisten
maailmatavoittamattomissa
täällä uupumus salpaa kaikki portit
hiljaisuus humisee ympärillä
vain tuska on todellista
aivoja särkevä kipu johon lääkkeitä otetaan turhaan
kun äänettömyys on edessä
menneisyyden varjot takana aavemaisina
ulottaen lonkeronsa nykyhetken hämäryyteen
kun tiheä sumu peittää katseen suunnan
joka puolella varjoja aavemainen kuun maisema
katkoo horisontin ääriviivan
sumu kuin kuolema kuvat häilähtelevät
kertokaa minulle kuka olen tässä
maassa kuoleman merkitsemässä
älkää sanoko niin kauan kuin on elämää on toivoa
sillä todellista minääni ei ole olemassa.

Miten monta diapamia tarvitaan unohdukseen
peittämään vihan pelon
ja katkeruuden elämää kohtaan
pakenemaan menneitä tapahtumia
jotka itkevät nimeään verisinä ja vaiti ollen
miten monta tablettia siltana pois menneisyydestä

virran tuomana tähän pimeään hetkeen
tähän loputtomaan iltaan
yksinäiseen turhaan odotukseen
kun lämpimiä sanoja ei enää ole
ei hellää kosketusta kun inhoaa omaa ruumistaan
muistona menneisyydestä
ja peto kärsimättömästi tempoo kahleitansa
miten monta sähkösokkia tarvitaan
selkeyttämään mieltä tappamaan hajanaiset kuvat
antamaan unohdusta, miten monta
miten monta hoitajaa ja psykologia tarvitaan
pelastamaan uupuneita sieluja
tukemaan auttamaan miten monta?

Ihmisen voi laputtaa merkinnällä
masentunut mielisairas burn out
tai loppuun palanut
kun mielen kaaosta lievittää psykiatrin tyyni katse
lääkkeitten suoma turtumuksen lepo
mutta pystyykö hän palaamaan edeltävään aikaan
suorittamaan työnsä
vai liukuuko elämän ulottumattomiin
hän ennen kriisikohtaa paennut
alkoholin helpotukseen huumeiden unohdukseen
ihmissuhteisiin jotka katkeavat raivoon
kunnes hetken kevennyksestä
tulee uusi painajainen.

Rukoilen luonnon valtiaat ja jumalat joihin en usko
antakaa minun hiljaa kuolla kätkekää pimeään
sytyttäkää rovio liekkien nuolla
kaikki omaan valoonsa ja tuhkaan
niin ettei mikään muistuta siitä hahmosta
joka vaeltaa todellisuudessa
mutta menneisyyden maassa.

Hajonnutta mieltä hoidetaan
lähellä suuren kaupungin keskustaa
silti syrjässä järven rannalla lähellä ruusutarhaa
vanhassa rakennuksessa
valkean museopalatsin vieressä.

Sinne jokainen tulee omasta maailmastaan
erilaisten mutta silti samanlaisten
tappavien pelkojensa kahleista
eikä kukaan tiedä mihin vedetään raja
mielen terveyden ja sairauden välillä
mikä erottaa muista ihmisistä
terveistä ja normaaliksi leimatuista
onko se loputon uupumus
jota ei pysty peittelemään
pilleri muutaman tunnin välein
käsien vapina vaikeina aamuina
turtunut masennus ja itku joskus
vai se että tuntee olevansa ylivoiman edessä
haluaa paeta minne tahansa
mihin tunteeseen tahansa
tai lääkkeitten suomaan unohduksen hetkeen.

Kun äänettömyys on edessä
menneisyyden varjot takana
aavemaisina ulottaen lonkeronsa
nykyhetken hämäryyteen

silloin sumu peittää katseen suunnan
joka puolella varjoja karu kuun maisema
katkoo horisontin ääriviivan
sumu kuolemaksi häilähtelevät kuvat
kertokaa kuka olen tässä maassa
kuoleman merkitsemässä?

Miten monta diapamia tarvitaan unohdukseen
pakenemaan menneitä jotka itkevät nimeään
verisinä ja vaiti ollen
miten monta tablettia
on siltana pois menneisyydestä
virran tuomana tähän pimeään hetkeen
tähän loputtomaan iltaan
ja yksinäiseen turhaan odotukseen
kun lämpimiä sanoja ei enää ole
ei hellää kosketusta kun inhoaa omaa ruumistaan
muistona menneisyydestä
ja peto kärsimättömänä tempoo kahleitansa
miten monta tablettia tarvitaan unohdukseen
miten monta hoitajaa ja psykologia
pelastamaan uupuneita sieluja
tukemaan, auttamaan miten monta?

Olemme öisin kotona perheen kanssa
täällä säästymme päivän tunneista
yksinäisistä ja kiduttavan pitkistä
kun ohjelmaa on joka aamu ruokaa askartelua
ehkä ajan mittaan paranemme.

Ensimmäisenä päivänä nuori poika tulee eteen
katsoo suoraan silmiin
hiukan samealla äänellä hän sanoo:
ota yksi diapami se helpottaa
mitä sinulle kuuluu minulle kuuluu hyvää.

Nyökkään hämilläni
poika hymyilee ja toistaa:
ota yksi diapami se helpottaa.

Hän on yhdeksäntoista vuotta
eikä kukaan tiedä miten kauan hoito kestää
isä lähti kotoa kauan sitten
äiti kuoli ja hän joutui tänne
hän on yksin ja tuuliajolla
sosiaalihuolto maksaa vuokran ja sairaalan.

Kun hänelle tarjotaan työtä kroonikko-osastolla
hän sanoo hoitajalle: en minä työtä pelkää
siinä ympäristössä pelkään muuta
katsella kuolemaa ja kuolevia

vaikka täytyyhän meidän kaikkien kuolla
se on kuitenkin niin väärin.

Keskipäivän hiljaisena tuntina
miettii omaa tarinaansa
kun vaikeudet kasaantuvat eikä enää jaksa
menee hakemaan päänsärkylääkettä
unilääkettä mitä vain lääkettä
saa lähetteen psykiatrille ja päätyy tänne
muiden enemmän tai vähemmän
romahtaneiden joukkoon
sillä sumun taistelijat ovat keskuudessamme
vaikka emme heitä näe
kun syvät kamppailut käydään hiljaisuudessa
yksin ja tyhjyyden keskellä
missä mieltä kuormittavat taakat tulevat esiin
arjen peittämistä mielen sokkeloista
hitaasti ja yksitellen
niinä hetkinä palaa elämänsä käännekohtiin
kun liiallinen väsymys ja päiväkausien jännitys
ja öiden valvottava odotus
ei pääty laukaisevaan lepoon
vaan kiduttaviin ajatuksiin
syiden etsimiseen yhä uudelleen ja uudelleen.

Seuraavana aamuna
kävelytiellä kohti sairaalaa
syksyn oksat ovat paljaina
talvi vakiinnuttamassa asemiaan
enkä enää halua tai jaksa taistella
annan periksi ja tyydyn kuluviin hetkiin
ilman kaipausta jota ennen tunsin
joskus näen ilon häivähdyksen
hetkittäin voin kiittää siitä että synnyin ihmiseksi
luoduksi hahmottamaan näitä hetkiä
eteenpäin virtaavan ajan keskellä
luonnon kiertokulussa
avaruuden kaiken kätkevässä syleilyssä
ja syvenevän huumauksen hetkenä
näen aavistuksen kylmyydestä
jonka syliin vajottava kun sanoja ei enää ole
kun tavoitteet on kerrattu ja maan pinnalle palattu
uusissa keskusteluissa turhaan.

Jokaiselle on varattu oma psykologi
henkilökohtaista terapiaa
ja tiistaiaamuisin on yhteinen istunto
keskusteluryhmässä
huoneen seinillä kahdeksan nojatuolia
potilaat jännittyneinä painautuen selkänojaa vasten
ohjaajana rauhallinen lempeä nainen
istumassa samassa ringissä.

Aluksi kaikki vaikenevat tunnelma on vaivautunut
vasta vähitellen ohjaajan sanat:
mihin jäimmekään viime kerralla
onko meillä mikään aihe kesken?

Ikkunan luona kalpeassa valokiilassa vaalea nainen
pyöreät kasvot jäykistyneet pakotettuun naamioon
ei enää kestä vaan ensimmäisenä kertoo:
on vain niin paha olla
heti aamulla se alkaa kun perhe nousee ylös.

Voitko kertoa meille siitä
mikä on niin vaikeaa, kun päivä alkaa?

On vain paha olo kuin haluaisi käpertyä kokoon
eikä sitten enää nousta ylös koko päivänä
haluaa vajota sinne vuoteeseen
ja vaikka lakata olemasta.

Mikä se sitten tuo paha olo
mistä se oikein tulee?

Siitä kun ei jaksaisi ja on kuitenkin pakko
nousta ylös laittamaan lapsia kouluun
ja tekemään petejä ja siivoamaan.

Oletko huomannut eroja näissä aamuissa
jotakin mihin paha olo on yhteydessä
onko se vaikeaa pimeänä aikana?

Vaikuttaisiko se mitään en kyllä tiedä
jos mieli on hyvä
saa olla minkälainen ilma tahansa.

Taas vallitsee tukahtunut hiljaisuus
sitten aurinko tulee esiin
valo siivilöityy kirkasväristen verhojen läpi.

Vaalea nainen jatkaa hiljaisella äänellään:
toisaalta jos aurinko paistaa
niin sekin voi tuntua pahalta
kun on kaunis ilma niin tuntuu
että iloinen pitäisi olla eikä kuitenkaan jaksa.

Siis oma alakuloisuus aivan kuin korostuu
kun kaunis päivä on vastakohtana?

Niin se on varmaan.

Takanurkassa vanhempi tumma nainen
nojautuu eteenpäin aikoen sanoa jotain
en huomaa sitä pohdin omaa asiaani:
kyllä kai masennuksen syy
on eletyissä kokemuksissa
kun vaikeuksia liian paljon liian usein
niin optimismi häviää ajan myötä.

Ohjaaja kannustaa haluaisitko kertoa niistä.

Voisin yhdestä kertoa on kyllä paljon muitakin
mutta tämä siitä on jo vähän aikaa
kun tulin äitiyslomalta töihin ja sain heti lopputilin
sanottiin irti ensimmäisenä päivänä.

Eleettömästi ohjaaja kysyy mitä ajattelit silloin.

Olin katkera tietenkin
mutta aluksi vain hämmästynyt pitkän aikaa
ei kai sellaista enää voi tapahtuakaan
lait muuttuneet ja kaikki.

Tumma nainen ottaa puheenvuoron:
ei varmasti voikaan päinvastoin
on ruvettu suosimaan pienten lasten äitejä

näen sellaista melkein joka päivä.

Ihan outo näkökanta ihmettelen
ja saan vastauksen: kyllä se niin on
ainakin meillä töissä sen näkee
vaikka niistä lääkärintodistuksista joita tuodaan
kun meikäläinen lapseton ja yksinäinen
sattuu sairastumaan sanotaan vain
että krapulassa olet
vaikka lyön selvän paperin niille eteen
toinen työntekijä taas sanoo
että lapsi on sairaana
ja voi jäädä kotiin ilman muuta
eikä edes lääkärintodistusta kysytä.

On se sitten niin erilaista
kai se riippuu työpaikasta.

Olen hämilläni tumma nainen jatkaa hyökäten:
ja sitten lomista vielä kun niitä on jaossa
niin ne joilla on lapsia saavat aina hiihtolomaviikot
meikäläinen ei pääse koskaan siihen aikaan
kun ei ole niitä lapsia.

Ohjaaja puuttuu keskusteluun rauhoittaa naista:
tässä on nyt monenlaista suhtautumista
mutta ehkä lopetamme tällä kertaa

jos nyt tätä kertomista vielä riittää
niin jatketaan viikon päästä.

Mietin hiljaa itsekseni
asiat unohtuvat mutta katkeruus jää jäljelle.

Kaikkien lähdettyä
kysymykset jäävät katonrajaan vastausta vaille
mistä tulevat raja-aidat meidän ihmisten välille
ja onko niitä liian paljon
onko niin erilaista olla työtön kuin työpaikassa
sairas kuin terve vanha kuin nuori?

Kuka lopulta mittaa rajat
miten lasketaan erotus toiseen ja toiseen
päivissä vai tunneissa markoissa vai penneissä
sairaalassa kulutetussa ajassako
mikä tapahtuma pudottaa
näkymättömän rajan toiselle puolelle
onko se työnantajan suorittama irtisanominen
päälle kaatuvat lainankorot
ylipääsemättömän vaikea ihmissuhde
vai uupumus jota ei pysty peittelemään
liian monta pilleriä illalla
käsien vapina vaikeina aamuina
turtunut masennus ja itku joskus
vai se että tunnustaa olevansa ylivoiman edessä

tuntee halua paeta minne tahansa
mihin tunteeseen tahansa
tai lääkkeen suomaan unohduksen hetkeen?

Istumme kuuntelemassa musiikkia
meillä on oma levyraatimme täällä
kun äkkiä ihmisiä tulee eteiseen
kuuluu ääniä nuori tyttö kirkuu
kimeästi huutaa nimetöntä tuskaa loputtomiin.
Hoitajalla tasainen ääni: ei hän rauhoitu
on vietävä Pitkäänniemeen
ei meille voida ottaa akuutteja tapauksia.

Näen vilaukselta äidin hätääntyneet kasvot
tyttö kuin kuusitoistavuotias
ovi sulkeutuu ja musiikkimme jatkuu.

Myöhemmin päivällä mies kiertää kehää lattialla
ollut hoidossa pari päivää
sitä ennen leipuri tasainen ja kunnollinen mies
miksi hänen mielensä on hajonnut?
Tyhjyys hänen sisällään kuin sammunut valo
hän puhuu sanoja itselleen ja muille
välillä puhuvat vain silmät
tapatte harhanäkyni
tapatte minussa miehen ja ihmisen
maassa ja ilmassa on sieluni
eikä unikuvien valtaa voi murtaa
ei sähkövirta eikä pillerien vahva massa.

Hän saa sähköshokkeja kerran viikossa
eräänä päivänä puhkeaa sekavasti puhumaan
pelkään sitä en tiedä mitä tekevät
sitovat villalangalla ja sitten kostuttavat
se kiristyy ja turpoaa kuin berliininmakkara
voitteko kuvitella?

Kukaan ei vastaa kierros jatkuu huoneen lattialla
shokkihoidon jälkeen hän on rauhallinen
pari päivää sitten jotain tapahtuu
eikä häntä enää näe täällä.

Seuraavana päivänä
järven pinta kuin sumuinen peili
syksyisenä aamuna tuuli on hiljaa
ilmassa miinus viisi astetta
ohuina sinertävinä harsoina
leviää pakkasen kosketus
veden pinta jäätyy tänään koko luonto odottaa
talven jähmettävää kosketusta.

Ryhmänä kuljemme vielä reheviä polkuja pitkin
routaantunut maa rahisee jalkojen alla.

Vasemmalla suuri hiljainen rakennus
punatiilinen ja päädyssä torni
entinen huvila nyt vanhusten vuodeosasto
jossa makaavat katsellen seinää
rauhoittavia lääkkeitä perushoito
ei mitään muuta tunnista toiseen
viikosta toiseen kuukaudesta toiseen
jos jaksaa elää.

Sanat putoavat verkkaisina kylmään ilmaan:
katsokaa kivilaitureita entisen kartanon mailla
katsokaa noita rakennuksia mahtavia
elettiin upeasti silloin joskus
mutta kuitenkin madon suu on viimeinen ovi.

Pysähdytään ja hän jatkaa:
Rautavaaran laulamat sanat kuuluivat
hiljainen on mullan musta povi
muuta kerran se esitettiin toisin todellisemmin
että madon suu on viimeinen ovi.
Vaikenemme kaikki.

Kun taas istutaan keskusteluryhmässä
mukavilla tuoleilla niin ohjaaja kysyy:
Jäikö meille mitään aihetta kesken
viime kerralla muistaako kukaan?

Me puhuimme menetyksestä kuolemasta
mitä te ajattelette kuolemasta onko se kaiken loppu
niin miten on jääkö meistä jäljelle mitään?

Jotakin täytyy jäädä ei kaikki voi hävitä kokonaan.

Olen lakannut uskomasta
ainakin siinä merkityksessä
että olisimme pysyvästi olemassa
se jotain mitä jää
on vain osa luonnon kiertokulkua
persoonallisesti häviämme
eikä yksilönä jää mitään jäljelle
kuitenkin olemme osa luomakuntaa
ja siinä mielessä katoamattomia

kaikki vain muuttaa muotoaan
ja siihen on alistuttava
aikaisemmin uskoin kuolemattomuuteen
mutta nyt vanhempana olen alkanut ajatella
samalla tavoin että mitään ei jäisi jäljelle.

Mutta ehkä kuitenkin on sielu ja se pysyy
kuoleman jälkeen kuin ajatus
jonkinlaisessa muodossa.

Tuntuu pahalta ajatella polttohautausta
siinä ei jäisi jäljelle mitään muuta kuin tuhkaa
mutta jos sanotaan maasta sinä olet tullut
maaksi sinun pitää jälleen tuleman
se on ikään kuin luonnollisempaa jotain tuntuu
jäävän jäljelle kuin kasvaisi ajattelevia voikukkia.

Vaikka niinkin mutta se taitaa olla
vain tottumista vanhaan tapaan.

Minusta polttohautaus on turvallinen
kaikki on sitten selvää
ehkä pelkään että joudun elävältä haudatuksi.

Loppujen lopuksi näistä asioista
kukaan ei voi tietää ja ehkä se onkin parempi.

Kaikki vaikenevat kunnes ohjaa päättää:
Aikamme taitaa loppua
jatkamme sitten viikon päästä.

Aamun hiljaisuus
on hetki tavoittaa kauneutta
pimeän aaveet takana ja sumu edessä
kun pakkanen laskee
maan valkoisuus kuin uni kylmillä kasvoilla
yön tutkimattomuus vaikenee mutta silti
vaikka nielisimme kymmeniä pillereitä
jää sielu itkemään taakkansa alla
syvenevän huumauksen hetkenä
näen aavistuksen kylmyydestä
jonka syliin on vajottava kun sanoja ei enää ole
kun tavoitteet on kerrattu ja maan pinnalle palattu
uusissa keskusteluissa turhaan.

Illalla kuljen kotiin hiljaista tietä
jatkaen kuoleman pohtimista
muinaisia samaaneja ja itämaisia tapoja
saatella kuoleva rajan toiselle puolelle
kuvittelen kapenevaa tunnelia ja keltaista valoa
jota kohti kuoleva jo suunnistaa
ja haluanko polttohautauksen
johtuuko se kauhukertomuksista
joissa ihmisiä haudattu valekuolleina.

Tyydyn häviämään ruumiillisesti
kuka voi uskoa
että eläisimme ikuisesti samanlaisina

kun kaikki muu ympärillä on kiehtovassa liikkeessä
kasvit ja eläimet ja koko kosmos
tavoittelee hetken olemisen taikaa.

Nyt mieli kuin tuuli johon voi vaipua
äänettömyyden kohina metsässä puiden alla
ruumis multaa sinun sylissäsi äiti maa
tuhkaa tomua ja ilmaa taivaan alla
testamenttini on lentää ylös tuuliin
kallion alapuolella meri kuulaan sinisenä
sielun lento kahleettomana
nousemassa taivasta kohti
ei seppeleitä kukkia jotka kuihtuvat maahan
vain muisto ystävien sydämessä tai aivoissa
itku yksin tai yhdessä sen jälkeen nauru
kuin vanhan ajan hautajaisissa
ennen globaalia maailmankuvitelmaa
ensin suru kun elämä on päättynyt
eikä enää ole yhdessä muiden kanssa
syömässä ja juomassa ja kertomassa
sen jälkeen ilo menneestä ja muisto hauskuudesta.

Kun olen lähtenyt pois
matkaan ajassa ja paikassa
pimeyden sillan tuolle puolen
irtaudun ja kiinnityn maailmankaikkeuteen
leijun muutoksessa maaksi tullen

olen onnellinen siirryn pois
en ole enää mitään se on vapautta.

Rakastin ilmaa vettä ja teitä lapsiani omiani
kiertokulku jatkuu teissä
itkekää sillä kaipaammehan toisiamme
haikeaa kun kaikki päättyi
mutta muistakaa miten tyhmä hassu olin joskus
naurakaa hymyilkää
ja pitäkää yhtä edes hetken aikaa
vaikka niin erilaisia olette yrittäkää ymmärtää.

Elämänliekki

**Hengitän elämän tuoksua valkoisen harson
läpi**
en kaipaa mennyttä nuoruutta hetki on tässä ja nyt
malja kukkuroillaan kuvitelmia
tietoisuus kypsyydestä kaiken jälkeen
voima ja odotus kaikki itsessäni
valmiina ja ilman epäröintiä
kun sumuisella sillalla ajan takaa elämän pyörää
vaikka tiedän häviöni
olen onnellinen tämän hetken ajan
kun kiinnekohta hävinnyt ja olen vapaa
tuuli puhaltaa lävitseni
talvinen sumu hyytävänä ylleni
maa on raskas lumesta ja olen yksin
tietoisuuteen tunkeutuu valonsäde
tuuli on hiljainen ilman vastauksia
on riitettävä hetken keveys
talven pimeyden kattamassa maassa
on kuljettava sumusta aamuaurinkoon
ihmetellen missä on toden ja valheen raja
koti uupuneille sieluille
kaukaisuudessa vain heijastus ja pian kaikki ohi
taivas ja helvetti vain sanoja
elämän virta ikuinen.

Minne vievät salaiset äänet joiden alkua en tunne
horjun harhailen lopulta tietäen että on tyydyttävä

maahan joka ei ole vihreä
sameaan virtaan pohjamudissa tumma pyörre
voin tulla vain kerran virran viemänä
kun pimeys kattaa maiseman
ja sielun hitaaseen kuolemaan
lähimmäisen ääni ei kosketa
todellisuus kätkeytyy punaiseen sumuun
tie peitetty sametilla hitaasti nousee vesi
lopulta upottaen kaiken alleen

Jää vuorisaarnan sanat:
minä olen tie totuus ja elämä
kuin säkenöivän aallon pinta
ja tuuli joka laulaa metsikössä
muuttuu todeksi kun kohtaa rakastetun katseen
tummuvassa yössä huilun ääni
kantaa yli taivaan maan eikä jumalia enää ole
Kristityt neuvovat älä tapa
ja Kristus naulataan ristille
rakastavan isän silmien alla
kaikkivaltiaan mahdilla jumalien nimissä
käydään sodat vedotaan oikeudenmukaisuuteen
joka kaikista harhoista suurin
siksikö ajaudumme kuiluun
jonka syvyyttä ei mitata ihmisen voimin
ja kristinuskon antamat sanat
lyö arjen todellisuus hetkessä rikki.

Talvi vakiinnuttaa asemansa
huurteiset puut porttina satuun
täydellinen kidemuoto kuolleen oksan ympärillä
maan valkoisuus säväyttää mustan syksyn jälkeen
puhuttelee sitä mitä kutsutaan sieluksi
mutta missä on sen paikka
se vastaa hoosiannaan joulun alla
katoaa ja jäljellä vain elämänliekki
pieni kuin lumikide
suuri kuin puiden alla punertuva taivas
ja kysyn onko pilvien kätköissä siivet lentääkseni
rajattomien tuulien syliin
nähdäkseni taivaan hehkuessa ruusunpunaisena
maan lumivaippaan puettuna
aistiakseni aamun kirkkauden
talven tuoksun kaupungin kivitalojen yllä
mitä on jäljellä ellen löydä siipiäni?
Vaimea huudahdus
kuolemaa varten syntynyt elämänliekki.

Elämänliekki palaa kuin kynttilä
liittyäkseen lopulta suureen valoon
voinko uskoa siihen kun tie likainen
ilma täynnä pakokaasuja
harhailen harmaan kivetyksen
ja ajotien välimaastossa
kulkuni on pysähtelevää
enkä tiedä onko täällä muita
kuka tulee kanssani emme usko taivaan autuuteen
ei palkintoa ansiomme mukaan ja tuhoudumme
jokainen oman sairautemme otteessa
vaikka kuulumme tähän luomakuntaan
ainutkertaiseen
sen kiertokulun lakeihin
suruun iloon voittoon tappioon
on kätkettynä ikuisen jatkuvuuden siemen
osa voimaa osa ikuista sammumatonta liekkiä.

Rajalla

Joulukuun aamuna kaikki on hiljaa
puiden oksat hievahtamatta lumitaakan alla
koivunrihmoihin takertunut valkea huurre
mieli kuin seisova vesi virtaa ohi sameina joet
vain joskus kirkas vesi ja kevään tuoksu.

Jatkan eteenpäin ääneti
nimettömien kasvojen virrassa
kylmyys ja sade näillä kaduilla
jotka kerran olivat tuttuja
talojen silueteissa
jotka harmaina kohoavat jäisestä sohjosta
vedän ajatukset yli lumisen maan
asiat häviävät aamulehden sivut tyhjät
uutisia vieraasta maasta jossa hallitus päättää
ja muualla veritekoja ja kysyn
onko olemassa vain vihaa
ja joskus hiven väsynyttä rakkautta.

Näinä aamuina
kun vastasatanut lumi sataa kylmään maahan
ajotie on kurainen autot kiireisiä kohahduksia
jouluvaloja sytytetään liikkeisiin
ja mainosansoja meille kaikille
pimeys on lyhentänyt päivänvalon
hetken vaaleaksi varjoksi
ja odotamme revontulia pohjoiselle taivaalle

niin silloin yön henki ennen päivänkoittoa
kertoo että rajalla me kaikki
veljet ja sisaret isät äidit ja lapset
tutut ja tuntemattomat koko ihmiskunta
joustamattomien lankojen varassa
elämän ja kuoleman välimaastossa.

Kun luonto siirtymässä syksystä talveen
on tallattu kesän vihreät polut
syöty uutisvilja ja poltetut kultaiset oljet
emme ole talven sydämessä vaan rajalla
oman epävarmuutemme kanssa.
Kun olemme siirtymässä nuoruudesta vanhuuteen
ilman keski-ikää
niin äkkiä havahdumme kaiken elollisen rajamailla
edessä tuhon aavistus
ja takanamme koko ihmiskunnan unelmat
joita mitattiin luksusasunnoilla porealtailla
lainelaudoilla laskettelurinteillä
tennismailoilla ja golfpalloilla
uusilla keksinnöillä täyttämään mielen tyhjyys
ja olemassaolon kipeys
kun luonto kaiken roskan alla
virtaa ohi tuhoansa kohti
jonka valmistimme tuleville sukupolville
heille visuaaliset kuvat
kun meillä hehkuva todellisuus.

Uudessa todellisuudessa on kuolemaa
tuuli ottaa valtaansa
ja myrsky on pimeä ilman sielua
humina kylmien katujen sokkeloissa
kun tuuli laantunut seisoo hiljaa
kaikki äänet ovat vaienneet
vastasatanut lumi sulaa hitaasti uuteen kevääseen
elämän taakka syvänä ja kokonaisena
valahtaa ylleni tänä hetkenä.
Musta maa ei vastaa kysymyksiin
tuoksuva vihreys ei enää kosketa
väsymyksen läpi ei tunkeudu valo
ja kirkkaus on poissa
sumuinen uneliaisuus valuu ylleni
tunnen ajelehtivani muiden mukana
syvässä virrassa hitaasti ja ilman tarkoitusta
lahjomattoman avaruuden katseen alla.

Pieni lintu kuolee kädessäni
virran pinnasta nousee harmaa sumu
maan kauneus tuhoutunut
olemme palaamassa pimeyteen
joka laskeutunut alas kuin saastepilvi yllemme
savu ajaa edellään näkymätöntä usvaa
eikä kukaan löydä pelastusta
aikapommi tikittää sisällämme
mieli muuttuu ääneti

ja imee sisäänsä oudot myrkyt
kysyn miksi ja kukaan ei vastaa
tietoisuus on valheita täynnä
katson peiliin ja itku tulee vastaani
yön hiljaisuus takana päivän ikävyys edessä
huoneessa väreilee musta valo
kipu virtaa tuhoutuviin kudoksiin
kaikki äänetöntä lasten huudot vaienneet
voi vain odottaa ja vastoin järkeä toivoa.

Kun menneisyys on ohi ja olemme vankeja
tulevaisuus edessä kuin tyhjä seinä
pyydän kättä johon tarttua olkapäätä johon nojata
syliä hetken hurmiota varten
kun ainoa mitä tarvitsen on toinen ihminen
kanssani tässä nimettömyydessä
kun tukehtumassa oleva maa
virtaa pimeän tuskan kautta
kivihiilipölyn mustaan kitaan
vain sumu on ystävämme
vääjäämättä etenevä kylmä totuus
uuden sukupolven tie on liekeissä,
autioksi kulotettu maa musta hiillos jalkojensa alla
yön hiljaisuus kasvojen edessä
ja kysymykset mielessänsä turhia.

Virrassa kuolleina tuhannet kalat
sameat silmät tuijottavat
pyrstö mätänee hitaasti likaiseen veteen
joensuiston nousuvesi heittää ne hiekalle
kuultavien simpukankuorien viereen
tumma likamassa ryömii levärakkuloita vastaan.

Mehiläiset pakenevat pesiinsä
perhosten siivet ovat hiljaa
säteily on tuhoamassa aluetta
vain moottoritien yllä taukoamaton ääni
kiihdyttävä turbo ohittaa linja-auton
kiiltävien autojen virtaa ei mikään pysäytä
taivaalla suihkukoneen vana
ja taustalla häikäisevä ohjusten rivistö
valmiina tuhoamaan
valmiina tuleville sukupolville.

Kaupungissa sumuvaroitus on annettu hetki sitten
naamarit otetaan esiin ja lapset koteihinsa
kukaan ei ole syömässä leikkikentän lyijyistä lunta
hengittäminen on raskasta vielä päivien ajan
tulevaisuus pelottaa heitä jotka etsivät
sairauden merkkejä ruumiistaan
kuin spitaaliset satoja vuosia sitten.

Kevät ja äänettömyys tulvii hyökyaaltona ylleni
kysyn missä ovat linnut
metsä vajoaa synkkyyteensä
puut varistavat neulasensa
kysyn missä lehdokin valkea tuoksu
veden kuulaus on samentunut
 etsin turhaan vihreää kaislaa
kysyn – ja kukaan ei vastaa.

Yö levittää kastepisaransa helmi helmeltä
aamun ensimmäisen kimalaisen juoda
rakentajat kokoavat elementtejä kivi kiveltä
tulevaisuuden ihmisen asua
he joilla on valta takoivat aseita kaiken tuhoksi
sillä maa kätkee salaisuutensa
pienen ihmisen nähdä
ja toivoa häviävän hetken ajan.

Tulevaisuus on epävarma
vapauden laulu pimeydessä
palaa hiljaisella liekillä
tuntemattomaan tulevaisuuteen
tuuli laulaa yksinään metsän reunassa
pimentyneessä maassa viipyy auringon valo
virta ei solju kirkkaana vesi samentunut
synnytettyään hedelmällisyyden
ja ihmisen tuhoamaan kaiken
jättämään likaiset jälkensä vedenuoman
puhtauteen
rapautuvan tuhon rannalla kohoaviin rakennuksiin
ilmaan jonka puhtaus on himmentynyt
pysyvään kuonaan.
eikä sininen maapallo
loista hohtavana koskaan enää.
Meri oudon hiljainen
laineet eivät kohota vihreää levää
yksinäiset kalat harhailevat
tilan vallanneet rapupedot
ja rannoilta on kylvetty epätoivon siemen
musta maa on kummallisen hiljainen
ilma tuoksuu tuskin havaittavasti
aistin kuolemaa joka tulee luokse
kun on enää hetki aikaa
ja elämäni päivät valuvat kuin helmet nauhassa
ikuisen tyhjyyden päämäärää kohti.

Tämä on ihmissuhteiden viidakko
ja viidakon lait syö tai tule syödyksi
aistit eivät vastaa tunteisiin
kun huojumme liaanilla
jonka alapuolella on pyörryttävä syvyys
maailmankaikkeuden musta aukko
jossa ihmiskätten työt on luotu turhaan
sen tilalla lainehtii läpitunkematon viidakko
sen rehevyys ja valtameren kuultavat aallot
silloin on kaikki toisin.

Nykypäivämme on luonnottomuuksien aika
mädäntymisen liejuuntumisen
ja saasteen leviämisen vuosisata
jossa energialähteet levittävät
kuolettavan säteilynsä vihreiden niittyjen ylle
ja mehiläiset pakenevat kauhistuneina
maa itkee hitauttaan ja ilman puhdistavat tuulet
ovat tukahtuneet kivihiilipölyn alle
uljaat vuosikymmenet
edistyksen tieteen kehityksen
loputtoman markkinoinnin ajat
ovat tulossa tiensä päähän
niitä luonnon monimuotoisuus
tulee ainaisesti kiroamaan
ja mitä tekevät meidän jälkeemme tulevat
rakkauteen tarkoitetut sukupolvet?

Heitä tulevaisuus pelottaa
ja unessa näen räikeän taivaan
jossa vaeltavat vihreät pilvet
ja lentävät punaiset linnut keltaisessa maassa
ihmiset tietokonepelejä muovisten kupujen alla
saastuneen luonnon ulvoessa ympärillä
kun sademetsät hakattu
eikä ilmaa suojaa vihreyden peitto
kun maailman katolle
avarien vuorten vuoren huipulle
sataa samanlainen noki
kuin nyt kaupunkien keskustassa
ja tietokoneyhteiskunta murenee
luonnon vastustamattoman paineen alla.

Mutta jos uskoo olevansa kuolematon
ainutkertainen ja uudelleensyntyvä
se tekee onnelliseksi ehkä niin on hyvä.

Miksi eläisimmekään ikuisesti
me ja kuolematon sielumme
kun kaikki muu ympärillä
on alituisessa kiehtovassa liikkeessä
kasvit eläimet aurinkokunnat ja luonnon koko valta
tavoittelee hetken olemisen taikaa
kun ihmisen mieli on kuin tuuli ja uni johon vaipua
tai äänettömyyden kohina puiden alla

kun ruumiimme on multaa sinun sylissäsi äiti maa
ja on pakko jaksaa siitä kiittää
sillä linnunradoilla loppumattomilla galakseilla
on täysin yhdentekevää
miten planeetalla nimeltä maa
yksi lajityyppi jatkaa sukuaan
vai perivätkö hyönteisten laumat alueen
seuraaviksi vuosituhansiksi.

Sillä ehkä tässä ei ole kaikki
ehkä avaruudessa galaksien pimeydessä
odottaa kutsuvana uusi elämä
siellä maa ja kivi
muurahainen nopeassa liikkeessään
kimalainen pörisemässä
ja joku ajattelee luonnon loputonta kiertokulkua
suhteellista aikaa vastaan.

Vain maa ei ole loistavana koskaan enää
saasteittensa peitossa se vaeltaa
avaruuden mustaa hautaa kohti
uusi Harmageddon täällä jumalatkin vaikenevat
tähdet ovat hiljaa sammuneet.

Äidit lapsi sylissänsä viimeisen rakkauden äärellä
tunteenomaisessa pimeydessä
kun luonnon soihtu on jo sammutettu

ihmiskunnan tavoitteet on saavutettu
lisää tavaraa enemmän ja enemmän
kuljettu korkeammalle ja nopeammin
uudelleen ja uudelleen ja eri lailla
ja kaikesta on maksettava loppumaton hinta
rajallisella maapallolla
jossa menneisyyden haamut vaeltavat
pitkänä kulkueena hiiltyneen maanpinnan yllä.

Kun yö on mykkä kuuleeko kukaan kun rukoillaan
onko liian myöhäistä ja kuuma
kun jäteröykkiöstä kuuluu ivallinen nauru
särjetäänkö jumalankuvat
ja pelastetaan maan kauneus?

Pystymmekö rajoittamaan
himojamme tarvettamme
ostaa kuluttaa ja tuhlata kaiken aikaa
voimmeko me vaikuttaa
vai onko kaikki turhaa?
Silti pakko uskoa ja jatkaa.

Sanat tulevat kaukaa luonnon syvyydestä
tietoisuuden tuolta puolen
metsien vihreistä vesistä
sumuisten pilvien takaa
ja kukkuloiden tuolta puolen.

Niillä sointunsa ja sanomansa
ehkä jumala puhuu aistien takaa
jotain minkä tuskin ymmärrämme
maailmanhengen kosketus lumen puhtaudessa
jäisessä tuulessa joka puhaltaa pohjoisesta.

Meri aaltoilee vapaana
ja tuuli puhaltaa minne tahtoo
kun sumu leviää kaiken ylle
peittää maan ilman
auringon kehrän ja taivaan kaaren
vihan ja katkeruuden joka meitä kalvaa.

Sumussa nähden unen ja kuvitelmat
sen hälvetessä yö on poissa
käydään kauas tuskan kautta.

Kuka on oppaana en tiedä
kuka vei sieluni kuka huutaa kaukaa
kenen ääntä en enää kuule?

On vain särkyneen sydämen laulu
rakastakaamme tämä hetki
sillä huomenna ei meitä enää ole
ihmisenä olemme vain haurasta massaa
kun tuuli käy meidän ylitsemme
ei mitään ole
ja sanat hukkuvat ajan virrassa
rajattomien metsien syliin.